baja en grasas

Cocina Día a Día

ESENCIALES EN LA ALACENA
Ingredientes Bajos en Grasa para Una Vida Sana

La cocina baja en grasas se ha relacionado con el estigma que al reducir las grasas se reduce el sabor. Esto sencillamente no es así, lo cual es una gran noticia para los que optaron por una dieta baja en grasas. El estilo de vida moderno está cambiando a dietas bajas en colesterol y grasas, por lo que no tenemos que prescindir de los alimentos que comemos puesto que las tiendas cada día tienen mas artículos bajos en grasas.

La alacena es el mejor lugar para empezar a cocinar comidas bajas en grasa. Casi todos nosotros tenemos poco tiempo disponible durante la semana para preparar y cocinar. Los experimentos los hacemos los fines de semana. Cuando el tiempo es esencial o cuando llegan amigos sin previo aviso, siempre es una buena idea, especialmente si estamos en una dieta baja en grasas tener almacenados algunos ingredientes básicos muy bien pensados, es decir, ingredientes bajos en grasa y altos en sabor.

Puesto que los artículos en la alacena se conservan bien, vale la pena visitar una buena tienda de abarrotes. La creciente obsesión de nuestra sociedad por viajes a y comidas de todo el mundo nos lleva a buscar ingredientes alternativos con los cuales experimentar para después incorporarlos a nuestra cocina. En consecuencia, los supermercados han tenido que aumentar su rango de productos y con frecuencia llegan a tener artículos de todo el mundo.

No se desespere si su mercado o abarrotería no tienen todos los productos que necesita. El Internet libera a los comprahólicos de comida. Hay sitios fantásticos (locales e internacionales) a través de los cuales se puede comprar y fijar la forma de entrega de alimentos en línea.

Cuando piense en esenciales piense en sabores, piense en algo que aumente el sabor del platillo sin aumentar su contenido en grasas. Vale la pena gastar un poco más dinero comprando productos que resultan en sabrosos platillos y que evitan el impulso de comer comida chatarra.

CONSEJOS PARA LA ALACENA

Hay grandes cantidades de ingredientes para la alacena que son fácilmente disponibles, incluyendo una miríada de pastas y arroces que pueden suministrar casi todos los carbohidratos necesarios para nuestra alimentación diaria. Conserve los ingredientes en lugares secos y obscuros y no olvide de darles rotación. Se pueden guardar hasta por seis meses.

TRIGO PARTIDO Este trigo se usa frecuentemente para preparar tabule y es una buena fuente de carbohidratos complejos.

CUSCUS Ya lo hay listo para comer. Sólo hay que agregar agua hirviendo y agitarlo con un tenedor. El cuscus tradicional debe ser cocido al vapor, se encuentra en tiendas naturistas, y tiene más nutrientes que el instantáneo.

FRUTAS SECAS Las variedades precocidas son particularmente buenas porque son jugosas y carnosas y no es necesario remojarlas. Son deliciosas cuando se prepara un relleno de pastel con las frutas hechas puré para la compota y agregándoles agua caliente. También se pueden agregar a rellenos de estofados. Son deliciosas cocidas con carnes, cuscus ó arroz.

HARINAS Muy útiles para espesar salsas (especialmente la harina de maíz). Se debe mencionar que la harina integral no debe ser guardada a temperatura ambiente por mucho tiempo puesto que sus grasas se ponen rancias. Aun que no es estrictamente una harina, la sémola de maíz es un versátil ingrediente bajo en grasas muy bueno para preparar ñoquis y budines.

FIDEOS Los fideos también son muy útiles y pueden acompañar cualquier platillo del Lejano Oriente. Son bajos en grasa y los hay integrales. Hay fideos de arroz para personas que no toleran el gluten y, al igual que los fideos de pasta, suministran al cuerpo energía de liberación lenta.

PASTA Es bueno tener una variedad de pastas. Las hay de trigo, de trigo integral, de diferentes sabores, fresca, seca, o congelada, entre otras. La pasta es un versátil ingrediente que suministra energía de liberación lenta al cuerpo. Se encuentra en muchos tamaños y formas. Desde los minúsculos tubettini (que se pueden agregar a las sopas para hacerlas más substanciales) a los penne, fusilli, rigatone y conchiglie hasta los más grandes canelones y las hojas de lasaña.

CEBADA ENTERA Y PERLADA La cebada entera es el grano entero y la perlada es a la que se le ha quitado el salvado. Una dieta alta en cereales previene desordenes y enfermedades de los intestinos.

LEGUMBRES Son ingredientes vitales de la alacena, son fáciles de almacenar, tienen un alto valor nutricional y son muy buenas para agregarlas a sopas, curris y hot pots. También sirven para espesar sopas, por sí solas o con sabores agregados. Se presentan en dos formas: secas (en cuyo caso se ponen a remojar la noche anterior para después cocerlas antes de usarlas – es importante seguir las instrucciones en la envoltura), o envasadas, lo cual es muy conveniente puesto que la preparación de las secas es muy tardada. Al comprar legumbres enlatadas, busque las que contienen agua, sin sal o azúcar, y sencillamente escúrralas y enjuáguelas antes de agregarlas al platillo. Los frijoles, los borlotas, los cannellinis, las lentejas, los chícharos y las judías son todas deliciosas añadidas a cualquier platillo. Los frijoles al horno son un favorito de muchos y en las tiendas se venden frijoles orgánicos a los que no les agregan ni sal ni azúcar puesto que se endulzan con jugo de frutas.

Al hervir legumbres secas recuerde que no se debe agregar sal puesto que esta les endurece la cáscara y las hace incomibles. Los frijoles pintos son una variedad más pequeña. Con frecuencia su cáscara es jaspeada y son particularmente útiles en platillos de lenta cocción puesto que mantienen su forma y textura muy bien.

ARROZ El arroz Basmati y el Jasmine de Tailandia son muy adecuados para curris tailandeses o hindúes porque sus pequeños granos absorben la salsa y su delicado y cremoso sabor mezcla bien con lo picante de las especies. El arroz Arborio es solo uno de las muchas clases de risotto. Hay muchos otros disponibles según el tipo de comida o si se

usan como acompañamiento de carnes, pescados o vegetales. El arroz instantáneo americano, el blanco y el integral, es muy bueno para preparar cacerolas, carnes estofadas, pescados y verduras puesto que mantiene su forma y firmeza. El arroz budinero se puede usar en muchas formas para crear postres irresistibles.

CALDOS Caldos de buena calidad son esenciales para la cocina baja en grasas, porque suministran una base de buen sabor para muchos platillos. Muchos supermercados ya venden una gran variedad de caldos frescos y orgánicos que deben ser refrigerados pero que son de los ingredientes más ahorradores de tiempo y esfuerzo.

También hay buena variedad de caldos secos, el mejor es quizás el bouillon, una especie de caldo de alta calidad (que se vende en polvo o líquido) y que se puede agregar a cualquier platillo, sea este una salsa, una cacerola, una sopa o un pastel.

Mucha gente prefiere comidas que se preparan en 30-45 minutos. Para lograrlo se necesitan ingredientes que le den marcha rápida a las salsas. Una salsa passata de buena calidad o tomates ciruela envasados sirven de base para cualquier salsa como también sirve el pesto verde o rojo. Otros ingredientes útiles para la alacena son las mostazas, las anchoas y la tapenade. Estos ingredientes tienen sabores muy distintivos y son particularmente sabrosos. Salsa de pimienta roja tostada y puré de tomate seco, que es mas dulce y tiene más sabor

que el tomate normal, también son muy útiles.

El vinagre es otro valioso esencial de la alacena. Tiene muchos usos y vale la pena un gasto mayor para obtener un buen vinagre balsámico y de vino. Las hierbas y especies son esenciales y vale la pena ver el siguiente artículo sobre éstas. El uso de hierbas en la comida casera reduce la tentación de comprar salsas preparadas que con frecuencia contiene fuertes cantidades de azúcar y aditivos.

El extracto de levadura es otro buen ingrediente de la alacena. Le da brío a las salsas, las sopas y a las cacerolas y le agrega sustancia a los platillos vegetarianos.

Los sabores orientales tienen un campo de acción grande en cuanto a cocina baja en grasas. Saborizantes tales como la salsa de pescado, la salsa soya, la pasta de curry verde y roja, y el vino de arroz chino son todos apetitosos en cualquier platillo bajo en grasas.

Para esos que prácticamente no tienen tiempo o que no les gusta ir de compras, se puede comprar una buena variedad de ajo, jengibre y chile recién picados (disponibles en botellas que se pueden refrigerar). Además de estos artículos, muchas tiendas y en especial los supermercados, ofrecen una gama grande de mercancía y tienen un amplio surtido de productos bajos en grasa. Si es posible compre los cortes de la carne más magra y substituya grasas saturadas, como las cremas, la mantequilla y el queso, con alternativas bajas en grasa o de media grasa como la crema ácida lite, el yogurt y la margarina.

Guía para los Diferentes Grupos de Edades

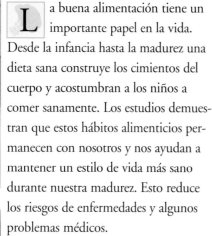

La buena alimentación tiene un importante papel en la vida. Desde la infancia hasta la madurez una dieta sana construye los cimientos del cuerpo y acostumbran a los niños a comer sanamente. Los estudios demuestran que estos hábitos alimenticios permanecen con nosotros y nos ayudan a mantener un estilo de vida más sano durante nuestra madurez. Esto reduce los riesgos de enfermedades y algunos problemas médicos.

Es importante encontrar un equilibrio sano. En ciertas etapas de la vida es necesario cambiar el equilibrio para que nuestros cuerpos resistan mejor. Una dieta nos ayuda a tener mejor salud durante la infancia, durante el embarazo y en la madurez. ¿Cómo podemos lograr esto?

Sabemos que alimentos cómo los pescados grasos, por ejemplo, son buenos para todos porque son ricos en aceites grasos Omega 3 que han sido relacionados con mejor funcionamiento del cerebro y con mejor memoria. También se reduce el riesgos de cáncer y enfermedades del corazón. ¿Pero habrá otros pasos que podemos dar para disfrutar de los beneficios de una buena salud?

BEBÉS Y NIÑOS

No se debe alimentar a los bebés comidas sólidas antes de los seis meses. Después se pueden introducir nuevos sabores y texturas. Posiblemente la forma más fácil y menos cara es adaptando los alimentos que usa el resto de la familia. Bebés de menos de un año deben recibir leche materna o de botella. Entre el primer y segundo año de edad se les puede dar leche entera y de los dos a los cinco años pueden tomar leche semidescremada. Después pueden usar leche descremada.

Los primeros alimentos para bebés menores de seis meses deben tener la consistencia de purés, que son suaves y medio líquidos y fáciles de consumir. Esto se logra usando una batidora eléctrica o manual o sencillamente pasando los alimentos por un cernidor para quitarles los grumos. No se debe olvidar que los bebés siempre necesitan bastante leche.

Bebés de mas de seis meses tienen que ser alimentados con purés pero la consistencia de estos se puede hacer progresivamente más grumosa. Alrededor de los 10 meses de edad ya se les puede alimentar con comida cortada en pequeños pedazos.

¿Qué grupos de alimentos necesitan los bebés y niños pequeños? Como los adultos, una alta proporción de su dieta debe contener granos de cereales, pasta, pan y arroz. No olvide que los bebés y niños pequeños no toleran muy bien mucha comida alta en fibras.

Se deben introducir frutas y verduras así cómo un equilibrio de proteínas de carnes y lacteos y una muy pequeña porción de dulces y grasas. Las investigaciones indican que postergando en el primer año la introducción de alimentos que causan alergias (leche de vaca, huevos, trigo, queso, yogurt y nueces) se reduce substancialmente la posibilidad de desarrollar alergias a comidas mas adelante en la vida. (NB: Los niños menores de cinco años no deben comer cacahuates nunca.)

Consulte sobre los bebés y pequeños con un médico o trabajador social. Limite el consumo de azúcar de los pequeños, el azúcar solamente suministra calorías vacías Use azúcares menos procesadas (Se usa menos azúcar mascabado porque es mas dulce) o incorpore alternativas de alimentos menos refinados, como frutas secas, dátiles, jarabe de arroz, ó miel. (NB: Menores de un año no deben comer miel.)

Igual que en las dietas bajas en grasa, es mejor eliminar alimentos fritos – especialmente a menores de un año - y evitar el uso de sal. En su lugar se pueden usar hierbas y especies para que los alimentos sean más apetitosos. Cuanto más variados sean los sabores que experimentan los niños en sus años formativos, más amplio será el rango de alimentos que aceptarán mas adelante.

EL EMBARAZO

Durante el embarazo se recomienda que las mujeres tomen más suplementos de minerales y vitaminas. Las embarazadas obtienen beneficios de alimentos sanos, equilibrados y enriquecidos con fruta fresca y vegetales llenos de vitaminas y minerales esenciales. Pescados grasos, como el salmón, no solo suministran grasas esenciales sino también altos niveles de calcio.

Ciertos grupos de alimentos son riesgosos durante el embarazo. Esta sección da consejos sobre comidas para todos los días y sobre alimentos que deben ser evitados.

QUESO

Se deben evitar todos los quesos suaves madurados en su corteza, como el Brie. Tampoco se debe comer el queso Parmesano ni quesos azules, como el Stilton, por el peligro de listeriasis. Mujeres enbarazadas pueden comer quesos duros como el Cheddar y queso cotage.

HUEVOS

Los huevos tienen cierta probabilidad de tener salmonella. Este riesgo se elimina cocinando hasta que la clara y la yema estén firmes. Se debe prestar mucha atención a platillos o productos que incluyen huevos crudos o ligeramente cocidos como la mayonesa hecha en casa o salsas similares, mousses, suflés, merengues, helados y nieves. Productos que se venden en comercios, como la mayonesa que se fabrica con huevos pasteurizados, se pueden comer con seguridad. Si tiene alguna duda, tome el camino seguro y evite el producto.

PLATILLOS Y COMIDAS INSTANTÁNEAS

Alimentos precocidos y congelados se encuentran fácilmente. Se debe tener cuidado con alimentos congelados porque pueden tener bacterias. Evite bolsas de ensalada con aderezo y otros alimentos que se venden sueltos en los anaqueles refrigerados de los mercados. No debe comer carnes crudas o parcialmente cocidas, leche no pasteurizada o frutas y verduras sucias con tierra por el riesgo de adquirir toxoplasmosis.

CARNE Y PESCADOS

Ciertas carnes y pescados pueden traer salmonella y deben ser cocidos completamente hasta que les salgan sus jugos y estén rosados. Preste particular atención al comprar y cocinar pescados (especialmente mariscos). Compre únicamente los pescados más frescos que deben tener un olor salado pero no fuerte y no a pescado. Busque ojos que brillan y que no estén hundidos. El cuerpo debe estar firme, relleno y brilloso. Evite cualquier pescado con el cuerpo seco, arrugado ó húmedo. Durante el embarazo es preferible evitar todos los mariscos salvo los que estén perfectamente frescos y bien cocidos. Los mariscos también tienen bacterias y virus.

¿Qué pasa más adelante en la vida? Conforme el cuerpo envejece, podemos evitar infecciones y enfermedades a través de nuestra dieta. Hay evidencia que el sistema inmunológico se debilita cuando envejecemos lo cual aumenta el riesgo de cáncer y otras enfermedades. Mantener una dieta rica en antioxidantes con frutas frescas, verduras, aceites vegetales y pescados grasos, es particularmente bueno para la prevención de esas enfermedades o para minimizar sus efectos. Al igual que en todos los grupos de edades, el cuerpo se beneficia con el plan cinco-al-día, es decir comer cinco porciones de frutas y verduras todos los días. Las verduras de hojas verdes son especialmente ricas en antioxidantes. La col, el brócoli, las coles de Bruselas y la coliflor también tienen niveles especialmente altos de antioxidantes, por lo que reducen el riesgo de contraer cáncer.

Los alimentos de color verde suministran nutrientes esenciales para tener el sistema nervioso, los múscuos y las hormonas sanas. Los alimentos rojos protegen el sistema cardiovascular. Otros alimentos que ayudan al sistema cardiovascular y el corazón incluyen las vitaminas E y C, los pescados grasos y las grasas esenciales (el aceite de oliva, extra virgen y el ajo). Una dieta alta en frutas frescas y verduras, pero baja en sales y grasas saturadas, reduce enfermedades del corazón considerablemente.

Otros alimentos tiene reconocidas propiedades. Se sabe que ciertos tipos de hongos fomenten el sistema inmunológico y el ajo no sólo ayuda el sistema inmunológico sino también protege contra el cáncer. El yogurt natural es sano puesto que contiene bacterias que promueven la digestión.

Algunos alimentos ayudan a equilibrar las hormonas del cuerpo durante la menopausia. Por ejemplo, la soya regula los niveles hormonales. Investigaciones han demostrado que el consumo sistemático de soya puede ayudar en la lucha contra el cáncer del seno y de la próstata.

Una dieta sana y equilibrada, alta en frutas frescas, verduras, carbohidratos, proteinas y grasas esenciales, y baja en grasas saturadas puede ayudar al cuerpo a protegerse toda la vida. Realmente vale la pena gastar un poco de tiempo y esfuerzo extra cuando se hacen las compras y cuando se piensa en que cocinar.

Filetes de Bacalao al Jengibre

1 Precaliente el horno y forre la parrilla con papel de aluminio. Ralle la raíz de jengibre gruesa. Desbaste y corte en tiras finas las cebolletas.

2 Mezcle las cebolletas con el jengibre, el perejil picado y el azúcar. Agregue 1 cucharada de agua.

3 Limpie los filetes. Salpimente al gusto. Coloque sobre 4 hojas de papel aluminio de 20.5 x 20.5 cm/8 in x 8 in.

4 Esparza la mezcla de cebolletas y jengibre sobre el pescado.

5 Corte la mantequilla en pequeños cubos y deposite sobre el pescado.

6 Suavemente envuelva los filetes con el papel aluminio.

7 Coloque los filetes debajo de la parrilla precalentada y cocine 10–12 minutos hasta que el pescado tome un color opaco.

8 Ponga los paquetes de bacalao en platos de servir. Sirva de inmediato con las verduras recién preparadas.

INGREDIENTES
Rinde 4 porciones

1 pieza de 2.5 cm/1 in de raíz de jengibre, pelada

4 cebolletas

2 cucharaditas de perejil recién picado

1 cucharada de azúcar moreno

4 filetes de bacalao de 175 g/ 6 oz

sal y pimienta negra recién picada

25 g/1 oz de mantequilla lite

verduras recién preparadas para servir

Consejo Sabroso

¿Por qué no servir éste platillo con papas en papillote? Envuelva las papas con algunos dientes de ajo en hojas dobles de papel encerado. Agregue un poco de aceite de oliva y sazone bien con sal y pimienta negra. Envuelva los bordes del papel para hacer una bolsa. Con el horno a 180°C/350°F ase las papas 40–50 minutos y sirva con el papel.

Consejo del Chef

Esta receta funciona bien con filetes de otros pescados Pruebe salmón, cazón, o rape. El rape puede tardar más para cocer.

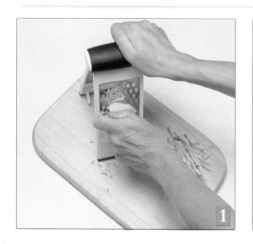

Bacalao Asado Envuelto en Panceta

1 Limpie los filetes y envuelva cada uno con pancetta.

2 Escurra las alcaparras y remoje en agua fría 10 minutos para quitarles algún exceso de sal. Escurra y reserve.

3 Caliente el aceite en una sartén grande y pesada. Fría por 3 minutos de cada lado, cuidadosamente volteando los filetes para que no se rompan.

4 Baje la temperatura y siga friendo 2–3 minutos hasta que el pescado quede bien cocido.

5 Mientras tanto, ponga la mezcla de alcaparras en una olla pequeña y muela encima la pimienta.

6 Ponga la olla sobre fuego lento y suba hasta un hervor suave, moviendo continuamente 2–3 minutos.

7 Una vez listo el pescado, decore con el perejil y sirva con la mezcla tibia de alcaparras, las verduras recién cocidas y las papitas.

INGREDIENTES
Rinde 4 porciones

4 filetes de atún de 175 g/6 oz

4 rebanadas muy delgadas de panceta

3 cucharadas de alcaparras en vinagre

1 cucharada de aceite vegetal o aceite de girasol

2 cucharadas de jugo de limón

1 cucharada de aceite de oliva

pimienta negra recién molida

1 cucharada de perejil picado para decorar

PARA SERVIR:

verduras recién cocidas

papitas

Hecho Culinario

Panceta es un tocino italiano curado y ligeramente ahumado. Se vende en rebanadas muy delgadas o en pequeños cubos. Las rebanadas se pueden usar para envolver aves o pescados. Los cubos se usan en salsas. Para cocinar los cubos fría 2–3 minutos y reserve. Use el aceite para sellar carnes o para freír cebollas, después regrese el tocino a la sartén.

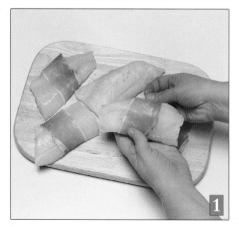

Mejillones Linguini

1 Remoje los mejillones en agua fría. Refrigere hasta necesitarlos. Cuando esté listo para usarlos, talle las conchas para quitar cualquier balano o barba. Deseche cualquier mejillón abierto

2 Derrita la mantequilla en una sartén grande. Agregue los mejillones, la cebolla y el vino. Tape bien. Vaporee 5–6 minutos, agitando la sartén para asegurar una cocción pareja. Deseche cualquier mejillón no abierto. Pase por un colador y reserve el líquido.

3 Para hacer la salsa, caliente el aceite en un recipiente mediano y fría los cuartos de cebolla y el ajo 3–4 minutos hasta que estén suaves y transpa-

rentes. Agregue los tomates batiendo y la mitad del líquido de mejillones. Suba al hervor y caliente a fuego lento 7–10 minutos hasta espesar.

4 Cocine la pasta en agua con sal hirviendo por 7 minutos o hasta al dente. Cuele y reserve 2 cucharadas del caldo. Regrese la pasta y el caldo al recipiente.

5 Separe la carne de la mitad de los mejillones. Agregue moviendo la salsa junto con los mejillones en su concha. Vierta la salsa caliente a la pasta y agite suavemente. Decore con el perejil y sirva de inmediato.

INGREDIENTES
Rinde 4 porciones

2 kg/4¼ lb Mejillones frescos
  tallados y lavados
trocito de mantequilla
1 cebolla pelada y picada
  finamente
300 ml/½ pt de vino blanco
  demi sec

PARA LA SALSA:

1 cucharada de aceite de girasol
4 cebollas cambray peladas
  y partidas en cuatro
2 clavos de ajo pelados
  y machacados
1 lata de 400 g de tomates
  partidos
pizca grande de sal
225 g/8 oz de linguini o
  tagliatelli seco
2 cucharadas de perejil recién
  picado

Consejo Sabroso

Es delicioso saborear mejillones en su concha. Cada mejillón viene rodeado de la deliciosa salsa agregando sabor a cada bocado. En ésta receta también se pueden usar almejas que son un poco más dulces.

Alambre de Pescado a la Parrilla

1 Forre la parrilla con una hoja de papel aluminio y precaliente a fuego alto 2 minutos antes de usarla.

2 Si usa palillos de madera y no de alambre, báñelos 30 minutos en agua fria para que no se quemen.

3 Mientras tanto prepare la salsa. A una olla pequeña, vierta la salsa de pescado, la Worcestershire , el vinagre, el azúcar, la Tabasco, y el puré de tomate. Remueva bien y deje a fuego lento 5 minutos.

4 Cuando esté listo para cocinar, seque los palillos si es necesario y ensarte en ellos los pedazos de pescado, las cebollas y los tomates alternativamente.

5 Salpimente a gusto y barnice con la salsa. Ase debajo de la parrilla precalentada 8–10 minutos bañando con la salsa de tiempo en tiempo. Voltee los alambres con frecuencia para asegurar una cocción pareja y completa. Sirva de inmediato con cuscus.

INGREDIENTES
Rinde 4 porciones

450 g / 1 lb de filetes de arenque o macarela cortados en pedazos
2 cebollas rojas pequeñas peladas y partidas en cuatro
16 tomates cereza
sal y pimienta negra recién molida

PARA LA SALSA:

150 ml / ¼ pt de caldo de pescado
5 cucharadas de salsa ketchup
2 cucharadas de salsa Worcestershire
2 cucharadas de vinagre de vino
2 cucharadas de azúcar moreno
2 gotas de salsa Tabasco
2 cucharadas de puré de tomate

PARA SERVIR:

cuscus

Consejo Sabroso

Esta receta es ideal para un platillo ligero en una noche de verano. En lugar de la cocina, prepárela en la parrilla del jardín lo que le dará sabor a carbón. Prenda el fuego de la parrilla 20 minutos antes para calentarla bien. (Los carbones deben tener cenizas color gris blanco cuando estén listos) Ase unos pimientos y cebollas rojas y prepare una ensalada mixta para acompañar.

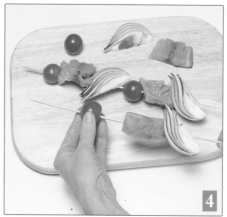

Ratatouille de Macarela

1 Precaliente el horno a 190°C/375°F. Corte la cabeza del pimiento, retire las semillas y la membrana y corte en pedazos. Corte la cebolla en pedazos gruesos.

2 Caliente el aceite en una sartén grande y cocine el ajo y la cebolla 5 minutos a hasta que estén casi acitronados.

3 Agregue los pedazos de pimiento y calabacitas y cocine otros 5 minutos.

4 Vierta el tomate y su jugo y cocine otros cinco minutos. Salpimente a gusto y vierta a un refractario.

5 Salpimente el pescado y acomódelo sobre las verduras. Rocié con aceite de oliva y jugo de limón. Cubra y cocine en el horno precalentado por 20 minutos.

6 Retire la tapa, agregue las hojas de albahaca, vuelva a tapar y cocine otros 5 minutos. Sirva de inmediato con el cuscus o el arroz y el perejil.

INGREDIENTES
Rinde 4 porciones

1 pimiento rojo

1 cucharada de aceite de oliva

1 cebolla roja pelada

1 diente de ajo pelado y picado finamente

2 calabacitas desbastadas cortadas en rebanadas gruesas

1 lata de 400 g de tomates picados

sal de mar y pimienta negra recién picada

4 macarelas pequeñas de 275 g/ 10 oz lavadas y sin cabeza

aceite de oliva para rociar

jugo de limón para esparcir

12 hojas albahaca frescas

cuscus o arroz con perejil picado para servir

Hecho Culinario

Ratatouille es un plato tradicional francés que contiene cebollas, tomates, calabacitas y a veces berenjenas. Es una receta muy versátil a la cual se le pueden agregar muchas otras verduras. Para ese toque extra ¿por qué no agrega un poco de chile?

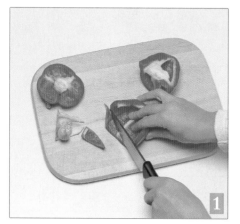

Bacalao con Hinojo y Cardamomo

1 Precaliente el horno a 190°C/375°F. A un pequeño recipiente vierta las cáscaras y el jugo de limón y el aceite de oliva.

2 Cubra y macere por lo menos 30 minutos. Agite bien antes de usar.

3 Desbaste el hinojo, córtelo en rebanadas delgadas y vierta a un recipiente.

4 Vierta las semillas de cardamomo a un mortero y golpéelas ligeramente hasta abrir las semillas.

5 Cómo alternativa, vierta las semillas a una bolsa de plástico y rómpalas con el rodillo. Agregue el cardamomo al hinojo.

6 Salpimente el bacalao y póngalo sobre cuatro hojas de papel para hornear de 20.5 x 20.5 cm/8 x 8 in.

7 Unte la mezcla de hinojo sobre el pescado y rocié con la infusión aceite.

8 Coloque los paquetes de papel sobre una charola para hornear y hornee en el horno precalentado 8–10 minutos hasta que estén al punto.

INGREDIENTES
Rinde 4 porciones

1 diente de ajo pelado y machacado

cáscara de 1 limón finamente rallada

1 cucharadita de jugo de limón

1 cucharada de aceite de oliva

1 cabeza de hinojo

1 cucharada de semillas de cardamomo

sal y pimienta negra recién molida

4 filetes gruesos de bacalao de 175 g/6 oz

Hecho Culinario

Al comprar pescado fresco, busque los que no tienen mal olor. Cualquier olor a amoniaco debe ser evitado. La carne debe estar firme y rellena. Los ojos deben estar brillantes y saltones. Si tiene dudas, compre pescado congelado puesto que éste se limpia y congela al momento de captura. Con frecuencia es más fresco y contiene más vitaminas que el pescado fresco.

Atún Asado con Pernod y Tomillo

1 Limpie los filetes con un trapo húmedo o con papel de cocina húmedo.

2 Salpimente al gusto ambos lados del pescado. Coloque en un recipiente poco profundo y reserve.

3 Mezcle el Pernod con el aceite de oliva, la cascarita y jugo de limón y las hojas frescas de tomillo.

4 Pique el tomate seco finamente y agregue a la mezcla de Pernod.

5 Vierta la mezcla de Pernod al pescado y refrigere

aproximadamente 2 horas. Rocié ocasionalmente con el marinado.

6 Caliente una sartén. Drene el pescado y reserve el marinado. Cocine el pescado 3–4 minutos de cada lado hasta obtener un color ligeramente rosado en el medio. Si prefiere bien cocido, cocine 1–2 minutos más.

7 En una pequeña olla hierva el resto del marinado. Vierta a los filetes y sirva de inmediato junto con los arroces mixtos y la ensalada.

INGREDIENTES
Rinde 4 porciones

4 filetes de atún o pez espada
sal y pimienta negra recién molida
3 cucharadas de Pernod
1 cucharada de aceite de oliva
cascarita y jugo de 1 limón
2 cucharaditas de hojas de tomillo
4 tomates secados al sol

PARA SERVIR:
arroces mixtos recién cocidos
ensalada verde mixta

Consejo del Chef

Hay atún disponible en marisquerías y supermercados todo el año. Es un pescado graso rico en aceites Omega-3 que previenen enfermedades del corazón al bajar los niveles de colesterol malo. Generalmente el atún se vende en filetes y el color de su carne debe ser roja obscura.

Bacalao en Corteza de Aceitunas

1 Precaliente el horno a 190°C/375°F. Coloque las aceitunas en un pequeño recipiente con las cortezas de pan y agregue el estragón.

2 Agregue a las aceitunas el ajo, los cebollines y el aceite de oliva. Mezcle bien suavemente.

3 Limpie los filetes con un trapo húmedo o con una toalla de papel húmeda y colóquelos sobre una charola para hornear ligeramente aceitada.

4 Ponga cucharadas de la mezcla de cortezas sobre cada filete y presiónela ligera y uniformemente.

5 Hornee el pescado en el horno precalentado 20–25 minutos hasta que el pescado esté cocido completamente y el recubrimiento dorado. Sirva de inmediato con las zanahorias y los frijoles.

INGREDIENTES
Rinde 4 porciones

12 aceitunas sin hueso

75g/3 oz de corteza de pan fresco

1 cucharada de estragón recién picado

1 diente de ajo picado y machacado

3 cebolletas desbastadas y picadas finamente

1 cucharada de aceite de oliva

4 filetes gruesos de bacalao de 175 g/6 oz

PARA SERVIR:

zanahorias recién cocidas

frijoles recién cocidos

Consejo Sabroso

Experimente con otros ingredientes en la costra: La costra sabe deliciosa agregando 2 dientes de ajo asado. Al combinar costra de pan blanco con costra de pan integral se produce un sabor a nuez y malta.

Alambre de Rape al Limón

1 Precaliente la parrilla y forre una charola para asar con papel aluminio. Mezcle todos los ingredientes del marinado en un pequeño recipiente y reserve.

2 Con un cuchillo afilado corte ambos lados de la cola del rape. Retire el hueso y deseche. Quite y deseche la piel. Corte el pescado en cubos tamaño bocadillo.

3 Pele y desvene los camarones sin tocar las colas. Coloque el pescado y los camarones en un recipiente poco profundo.

4 Vierta el marinado al pescado y los camarones. Cubra ligeramente y marine en el refrigerador 30 minutos. Barnice con el marinado los camarones ocasionalmente durante ese tiempo. Remoje las brochetas en agua fría 30 minutos y escúrralas.

5 Ensarte los cubos de rape, las rebanadas de calabaza y los camarones en las brochetas drenadas.

6 Acomode las brochetas en la charola para asar. Coloque la charola debajo de la parrilla precalentada y ase 5–7 minutos hasta que los camarones queden rosados. Ocasionalmente barnice con el resto del marinado y voltee las brochetas durante la cocción.

7 Mezcle 2 cucharadas del marinado con la crema ácida y sirva como dip con las brochetas.

INGREDIENTES
Rinde 4 porciones

MARINADO:
1 cucharada de aceite de girasol
cáscara rallada finamente y
  jugo de un limón verde
1 cucharada de jugo de limón
1 tallo de romero recién picado
1 cucharada de mostaza de
  grano entero
1 diente de ajo pelado
  y machacado
sal y pimienta negra recién molida

ALAMBRES:
450 g/1 lb cola de rape
8 camarones grandes
1 calabacita pequeña desbastada y
  rebanada
4 cucharadas de crema ácida lite

Hecho Culinario

El rape es muy versátil. Se pueden preparar a la parrilla, escalfados, asados u horneados. Su carne firme es ideal para alambres.

Sardinas con Grosellas

1 2–3 minutos antes de cocinar forre la parrilla con papel de aluminio y precaliente.

2 Caliente la mermelada en baño maría hasta que esté suave. Agregue la corteza de limón y el jerez y mezcle hasta que esté uniforme.

3 Enjuague las sardinas suavemente y séquelas con toallas de papel de cocina.

4 Sobre una tabla de cortar y con un cuchillo filoso haga varios cortes diagonales sobre el cuerpo de las sardinas. Salpimente los cortes.

5 Barnice suavemente los cortes y el cuerpo de las sardinas con el marinado.

6 Coloque el pescado sobre la parrilla precalentada 8–10 minutos hasta que esté al punto.

7 Mientras se asan las sardinas, cuidadosamente voltéelas por lo menos una vez. Báñelas ocasionalmente con lo que queda de la mezcla de mermelada. Decore con las grosellas frescas. Sirva de inmediato con los limones y la ensalada.

INGREDIENTES
Rinde 4 porciones

2 cucharadas de mermelada de grosellas

cáscara de 1 limón finamente rallada

2 cucharadas de jerez semi seco

450 g / 1 lb de sardinas frescas, limpias y sin cabeza

sal de mar y pimienta negra recién molida

gajos de limón para decorar

PARA SERVIR:

grosellas frescas

ensalada de hojas verdes

Consejo del Chef

Casi todos los pescados se venden limpios pero es fácil hacerlo uno mismo. Con el dorso de un cuchillo raspe las escamas de la cola para adelante. Haga un pequeño corte en el estomago y retire cuidadosamente las entrañas. Enjuague con agua fría. Seque con papel absorbente.

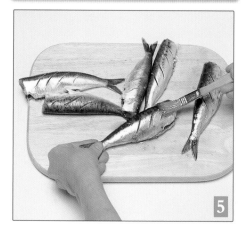

Lenguado Relleno de Salsa Picante

1 Primero prepare la salsa. Pele el mango, quite la pulpa del hueso. Pique finamente y vierta a un recipiente. Agregue los tomates, la cebolla y el azúcar.

2 Desvene el chile y pique finamente. Agregue a la mezcla de mango el vinagre, el jugo y cáscara de limón y el aceite. Salpimente al gusto. Mezcle muy bien y aparte 30 minutos para que los sabores se realcen.

3 Ponga los filetes en una tabla con el lado despelleja-do para arriba y cubra las colas con salsa. Doble los filetes en dos, salpimente y páselos a una sartén grande y poco profunda. Rocíe con el jugo de naranja y limón.

4 Deje hervir suavemente y baje a fuego lento. Cubra y deje cocer 7–10 minutos agregando agua si se evapora el líquido. Destape, agregue la menta y deje al fuego 2 minutos más. Decore con los gajos de limón y sirva de inmediato con la ensalada.

Consejo Sabroso

Para que la salsa no pique tanto, agregue 1–2 cucharaditas de miel clara tibia.

Consejo del Chef

Después de manejar chiles puede arderle la piel. No se toque los ojos antes de lavarse las manos.

INGREDIENTES
Rinde 4 porciones

8 filetes de lenguado de 175 g/ 6 oz sin piel
150 ml/¼ pt de jugo de naranja
2 cucharadas de jugo de limón

PARA LA SALSA:
1 mango pequeño
8 tomates cereza cortados en cuatro
1 cebolla roja pequeña pelada y picada finamente
pizca de azúcar
1 chile rojo
2 cucharadas de vinagre de arroz
cascarita y jugo de un limón verde
1 cucharada de aceite de oliva
sal de mar y pimienta negra recién picada
2 cucharadas de menta fresca picada
gajos de limón verde para decorar
hojas de ensalada para servir

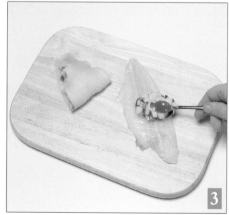

Bacalao Ahumado Rosti

1 Seque las papas con una toalla de tela. Enjuague las cebollas muy bien con agua fría y séquelas con una toalla de tela y agregue a las papas.

2 Agregue el ajo a las papas, moviendo. Despelleje el bacalao ahumado y remueva todas las espinas que se pueda. Corte en rebanadas finas y reserve.

3 Caliente el aceite en una sartén de teflón. Agregue mitad de las papas y aplástelas firmemente contra el fondo de la cacerola. Salpimente al gusto.

4 Agregue una capa de pescado y rocíe con el limón rallado, el perejil y un poco de pimienta negra.

5 Cubra con otra capa de papas y aplaste bien con la espátula. Cubra con una hoja de papel de aluminio y cocine al fuego más bajo 25–30 minutos.

6 Precaliente la parrilla 2–3 minutos antes de terminar el paso 5. Retire el papel aluminio y ponga el rosti debajo de la parrilla para dorarlo. Sirva de inmediato junto con la crema, los gajos de limón y las hojas de ensalada.

INGREDIENTES
Rinde 4 porciones

450 g / 1 lb de papas peladas y ralladas grueso

1 cebolla grande pelada y rallada grueso

2–3 dientes de ajo pelados y machacados

450 g / 1 lb de bacalao ahumado

1 cucharada aceite de oliva

sal y pimienta negra recién molida

cáscara de ½ limón rallada finamente

1 cucharada de perejil picado

2 cucharadas de crema ácida lite

hojas mixtas de ensalada para decorar

gajos de limón para servir

Consejo del Chef

Los rostis son mejores si se preparan, cocinan y sirven de inmediato.

Camarones Agridulces con Fideos

1 Prepare la salsa escurriendo las piñas y reservando dos cucharadas de su jugo.

2 Desvene los cuartos de pimiento y córtelos en tiras delgadas.

3 Caliente el aceite en una sartén. Agregue la cebolla y el ajo. Cocine 4 minutos hasta que la cebolla esté suave.

4 Agregue la piña, el azúcar, el caldo de pollo, el vinagre, el puré de tomate y la salsa de soya.

5 Suba al hervor y deje a fuego lento aproximadamente 4 minutos. Mezcle la harina de maíz con el jugo de

piña reservado. Vierta a la sartén batiendo hasta que engruese.

6 Limpie los camarones si es necesario. Lave la col china muy bien y desmenúcela.

7 Agregue los camarones y el Bok Choi a la salsa. Hierva a fuego lento 3 minutos hasta que los camarones estén en su punto y rosados.

8 Cocine los fideos en agua hirviendo 4–5 minutos hasta que estén tiernos.

9 Escurra los fideos y póngalos en un plato precalentado y vierta la mezcla de camarones. Decore con el cilantro y sirva.

INGREDIENTES
Rinde 4 porciones

1 lata de 425 g de piña picada en su jugo

1 pimiento verde desvenado y cortado en cuatro

1 cucharada de aceite de cacahuates

1 cebolla cortada en gajos

3 cucharadas de azúcar moreno extra fino

150 ml / ¼ pt de caldo de pollo

4 cucharadas de vinagre de vino

1 cucharada de puré de tomate

1 cucharada de salsa de soya ligera

1 cucharada de harina de maíz

350 g / 12 oz de camarones grandes pelados crudos

225 g / 8 oz de Bok Choi rallada (col china)

350 g / 12 oz de fideos de huevo medianos

hojas de cilantro para decorar

Consejo del Chef

Este platillo funciona muy bien con arroz jasmine tailandés al vapor o con fideos de trigo integral, que tienen mayor valor nutricional. No olvide desvenar los camarones.

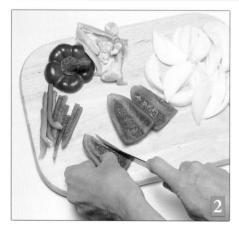

Pasteles de Salmón

1 Corte las papas en cubos y hierva en agua con sal 15 minutos, escurra y muela. Vierta a un recipiente para mezclar y reserve.

2 Licue el salmón hasta que tenga una consistencia de puré granulado. Agregue a las papas y mezcle.

3 Con el rallador grueso, ralle las zanahorias y agréguelas al salmón junto con el cilantro y el limón.

4 Agregue la yema de huevo, salpimente a gusto y mezcle suavemente los ingredientes. Con las manos húmedas haga cuatro pasteles.

5 Espolvoree con harina y coloque los pasteles sobre un plato. Tápelo ligeramente y refrigere 30 minutos por lo menos.

6 Cuando este listo para cocinar, rocíe una sartén acanalada con finos chorros de aceite y caliente. Cuando la sartén esté caliente, agregue los pasteles y cocine 3–4 minutos por ambos lados hasta que el pescado esté bien cocido. Si es necesario durante la cocción, agregue otro rocío de aceite.

7 Cuando los pasteles estén cocidos sirva de inmediato con la salsa de tomate, la ensalada verde y el pan.

INGREDIENTES
Rinde 4 porciones

225 g/8 oz de papas peladas

450 g/1 lb de filete de salmón sin piel

125 g/4 oz de zanahoria desbastada y pelada

2 cucharadas de cáscara de limón rallada

2–3 cucharadas de cilantro recién picado

1 yema de huevo

sal y pimienta negra recién molida

2 cucharadas de harina blanca

aceite para rociar

PARA SERVIR:

salsa de tomate comercial

ensalada verde

pan crujiente

Hecho Culinario

Gracias a los criaderos de salmón, éste ya no es tan caro. Hay salmón disponible todo el año y con frecuencia es más barato que el bacalao. Es una fuente excelente de ácidos grasos Omega 3 que ayudan a reducir el colesterol.

Lenguado con Limón a la Parrilla

1 Caliente el aceite en una sartén grande. Fría la cebolla, el pimiento y el arroz 2 minutos.

2 Agregue el jugo de naranja y limón y hierva. Reduzca el fuego, agregue la mitad del caldo y caliente a fuego suave 15–20 minutos hasta que el arroz esté tierno, agregando el resto del caldo conforme se necesite.

3 Precaliente la parrilla. Rocíe finamente con aceite la base de la parrilla y acomode el lenguado. Reserve.

4 Ralle finamente la cáscara de naranja y de limón. Exprima la mitad del jugo de cada fruta.

5 Derrita la margarina en un pequeño recipiente. Agregue la cáscara rallada y la mitad del estragón y úselo para bañar los filetes de lenguado.

6 Cocine solo un lado del lenguado debajo de la parrilla a fuego medio 4–6 minutos bañando continuamente.

7 Cuando el arroz esté listo, agregue batiendo lo que queda del estragón y salpimente a gusto. Decore el pescado con los gajos de limón y sirva de inmediato con el arroz.

INGREDIENTES
Rinde 4 porciones

1 cucharadita de aceite de girasol

1 cebolla pelada y picada

1 pimiento naranja desvenado y picado

175 g/6 oz de arroz de grano largo

150 ml/¼ pt de jugo de naranja

2 cucharadas de jugo de limón

225 ml/8 fl oz de caldo de verduras

rocío de aceite

4 filetes de lenguado de 175 g/ 6 oz sin piel

1 naranja

1 limón

25 g/1 oz de margarina

2 cucharadas de estragón

sal y pimienta negra recién molida

gajos de limón para decorar

Consejo Sabroso

El lenguado se puede comprar fresco, o congelado, entero o en filetes. Se puede freír, parrillar o escalfar. Hay muchas variedades de lenguado y se encuentran en ambos lados del Atlántico.

Lasagna de Pescado

1 Precaliente el horno a 190°C/375°F. Limpie los hongos, desbaste sus tallos y píquelos. Caliente el aceite en una sartén pesada y grande. Agregue las cebollas y cocine a fuego suave 3–5 minutos hasta que estén tiernas.

2 Agregue batiendo los hongos, el orégano y los tomates picados con su jugo.

3 Mezcle el puré de tomate con una cucharada de agua. Vierta batiendo a la cacerola y salpimente a gusto.

4 Hierva la salsa y sin tapar baje a fuego lento 5–10 minutos.

5 Retire del pescado todos los huesos que pueda, córtelo en cubos y agréguelos a la salsa de tomates. Agite suavemente y retire la sartén del fuego.

6 Cubra la base de un refractario con 2 ó 3 hojas de lasagna verde y vierta la mitad de la mezcla a éstas. Repita las camas hasta terminar con las hojas.

7 Para preparar la capa final, mezcle el huevo batido con el queso cotage y el yogurt. Vierta a las hojas de lasagna y rocíe con el queso Cheddar rallado.

8 Cocine la lasagna en el horno precalentado 40–45 minutos hasta que la capa final quede dorada y burbujeante. Sirva inmediatamente con la ensalada de hojas mixtas y los tomates.

INGREDIENTES
Rinde 4 porciones

75 g/3 oz de hongos
1 cucharadita de aceite de girasol
1 cebolla pequeña pelada y picada finamente
1 cucharada de orégano recién picado
1 lata de 400 g de tomates picados
1 cucharada de puré de tomate
sal y pimienta negra recién molida
450 g/1 lb de bacalao sin piel
9–12 hojas de lasagna verde precocida

PARA LA CAPA FINAL
1 huevo batido
125 g/4 oz de queso cotage
150 ml/¼ pt de yogurt lite
50 g/2 oz de queso Cheddar lite, rallado

PARA SERVIR:
hojas mixtas de ensalada
tomates cherry

Frutos del Mar Salteados

1 Prepare los mariscos. Pele y desvene los camarones. Enjuague ligeramente los anillos de calamar y limpie las vieiras si es necesario.

2 Descarte los mejillones abiertos. Desbarbe y quite los balanos. Cubra los mejillones con agua hasta necesitarlos.

3 Pele la raíz de jengibre y desmenuce con un rallador grueso o un cuchillo afilado. Vierta a un contenedor pequeño.

4 Agregue el ajo y los chiles al contenedor. Vierta la salsa de soya y mezcle bien.

5 Ponga los mariscos mixtos, excepto los mejillones, en un contenedor y vierta el marinado. Mezcle, tape y deje a un lado 15 minutos.

6 Caliente un wok o una sartén, agregue el aceite y caliente hasta punto de humo. Agregue batiendo las verduras preparadas y fría batiendo 2–3 minutos. Agregue batiendo la salsa de ciruelas.

7 Agregue los mariscos y los mejillones y fría batiendo otros 3–4 minutos. Descarte los mejillones no abiertos. Decore con cebolletas y sirva de inmediato sobre una cama de arroz cocido.

INGREDIENTES
Rinde 4 porciones

450 g/1 lb de mariscos frescos mixtos tales cómo camarones, calamares, mejillones y vieiras

1 pieza de 2.5 cm/1 in de raíz de jengibre fresca

2 dientes de ajo, pelados y machacados

2 chiles verdes desvenados y picados finamente

3 cucharadas de salsa de soya

2 cucharadas de aceite de olivo

200 g/7 oz de elotes baby

200 g/7 oz de puntas de espárragos desbastadas y cortadas a la mitad

200 g/7 oz de chícharos desbastados

2 cucharadas de salsa de ciruela

4 cebolletas desbastadas y partidas en rajas para decorar

arroz recién preparado para servir

Consejo del Chef

Para freír batiendo (saltear) es importante que el wok o la sartén esté caliente antes de ponerle aceite. Esto evita que la comida se pegue al utensilio.

Pescado Entero al Horno

1 Precaliente el horno a 220°C/425°F. Enjuague suavemente el pescado y séquelo. Salpimente la cavidad. Haga varios cortes diagonales a lo largo del pescado y sazone.

2 Mezcle la margarina con el ajo, el rallado de limón y naranja y la nuez moscada, la mostaza y el pan. En los cortes diagonales, introduzca la mezcla de pan y una rama de eneldo. Coloque el resto de los tallos de eneldo en la cavidad del pescado. Pese el pescado para calcular el tiempo de cocción que es de 10 minutos por cada 450 g/1 lb.

3 Acueste el pescado sobre dos hojas de papel aluminio. Si desea úntelo con un poco de margarina. Cubra el salmón con las rebanadas de limón verde y con el papel aluminio forme un paquete. Refrigere por unos 15 minutos.

4 Coloque el pescado envuelto en una charola para hornear y hornee el tiempo calculado. 15 minutos antes de terminar de hornear, abra el papel aluminio y regrese al horno hasta que la piel del pescado quede tostada. Retire del horno y deje a un lado 10 minutos.

5 Vierta los jugos de la charola a una olla. Hierva y vierta batiendo la crema ácida y el yogurt. Cocine a fuego lento 3 minutos hasta que esté caliente. Decore con eneldo y sírvalo.

INGREDIENTES
Rinde 8 porciones

1.8 kg/4 lb de salmón entero, limpio

sal de mar y pimienta negra recién molida

50 g/2 oz de margarina

1 diente de ajo pelado y picado finamente

cascarita y jugo de 1 limón

cascarita de 1 naranja

1 cucharadita de nuez moscada

3 cucharadas de mostaza de Dijon

2 cucharadas de costra de pan blanco fresco

2 manojos de eneldo fresco

1 manojo de estragón fresco

1 limón verde rebanado

150 ml/¼ pt de crema ácida lite

450 ml/¾ pt de yogurt

tallos de eneldo para decorar

Hecho Culinario

El salmón se captura en las aguas frías del Norte de América y Europa y los hay en muchas variedades. Gracias a los criaderos de salmón su precio es más accesible

Ensalada de Vieiras Asadas

1 Limpie y desvene las vieiras. Enjuague bien y seque con toallas de papel de cocina.

2 Corte las vieiras en 2–3 rebanadas según el tamaño del molusco.

3 Caliente una sartén pesada y disuelva bien la mantequilla o margarina.

4 Ase las vieiras un minuto de cada lado hasta que queden doradas. Retire de la sartén y reserve.

5 Bata rápidamente el jugo de naranja junto con el vinagre y la miel para preparar el aliño.

6 Con un cuchillo pequeño y filoso corte las peras en cuatro, quite las semillas y córtelas en pedazos.

7 Rocíe el aliño y ponga bastante pimienta recién molida. Sirva de inmediato.

INGREDIENTES
Rinde 4 porciones

12 vieiras grandes
1 cucharada de margarina o mantequilla
2 cucharadas de jugo de naranja
2 cucharadas de vinagre balsámico
1 cucharada de miel clara
2 peras maduras
125 g/4 oz de arúgula
125 g/4 oz de berros
50 g/2 oz de nueces
pimienta negra recién molida

Hecho Culinario

Aparte de las vieiras grandes las hay también más chicas. La temporada de vieiras es de septiembre a mayo que es cuando están más sabrosas y menos caras. Cuando las compre, especialmente las grandes, asegure que la hueva esté intacta.

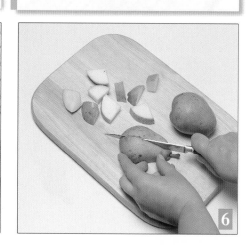

Rollo de Pescado con Arroz y Espinaca

1 Limpie cada filete con un trapo húmedo o con papel de cocina. Acomode los filetes con el lado de la piel para arriba sobre una tabla para picar y salpimente ligeramente.

2 Muela el hinojo ligeramente en un mortero. Transfiera a un pequeño recipiente y mezcle con el arroz cocido. Drene completamente la carne de cangrejo y agregue a la mezcla de arroz.

3 Acomode 2–3 hojas de espinaca sobre cada filete y cubra con una cuarta parte de la mezcla de jaiba. Enrolle y asegure con palillos si es necesario.

Acomode los rollos en una sartén grande y vierta el vino. Cubra y cocine a fuego mediano 5–7 minutos hasta su punto.

4 Retire el pescado del caldo, transfiera a un plato de servicio y mantenga caliente. Vierta la crema ácida al caldo y salpimente al gusto. Caliente 3 minutos e introduzca el perejil batiendo.

5 Pase la salsa a un platón. Corte cada rollo en rebanadas y acomode sobre la salsa. Sirva con las puntas de espárrago recién preparadas.

INGREDIENTES
Rinde 4 porciones

4 filetes de lenguado de 157 g/ 6 oz sin piel
sal y pimienta negra recién molida
1 cucharadita semillas de hinojo
75 g/3 oz de arroz de grano largo
150 g/5 oz de carne de jaiba fresca o en lata
125 g/4 oz de espinaca baby lavada y desbastada
5 cucharadas de vino blanco seco
5 cucharadas de crema ácida lite
2 cucharadas de perejil recién picado y unos tallos más para decorar
las puntas de espárragos al servir

Hecho Culinario

La espinaca es una de las mas sanas hojas verdes que se puede saborear. Actúa cómo antioxidante y puede reducir el riesgo de ciertos canceres. ¿Por qué no usar arroz integral para agregar valor nutricional y darle a este platillo un sabor a nuez?

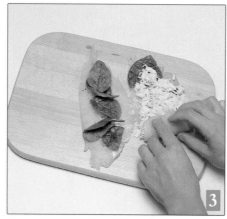

Pollo con Hinojo y Arroz al Limón

1 Precaliente el horno a 200°C/400°F. Triture las semillas de hinojo ligeramente y mezcle con el orégano, ajo, sal y pimienta. Introduzca la mezcla entre la piel y la carne del pollo sin romper la piel. Acomode las rebanadas de limón sobre el pollo.

2 Corte el hinojo en 8 partes y acomódelo junto con el pollo sobre una charola para hornear. Enaceite el hinojo con un pincel. Hornee el pollo y el hinojo en la parrilla más alta por 10 minutos.

3 Entre tanto, ponga el arroz en un refractario de 2.3 l/ 4 pts. Vierta la cáscara y jugo de limón, el jugo de naranja y el caldo hirviendo. Tape y ponga en la parrilla media del horno.

4 Baje la temperatura a 180°C/350°F y hornee 40 minutos más, volteando el hinojo y limón una vez. Quite las semillas de los tomates, tritúrelos y agréguelos a la charola. Hornee 5–10 minutos. Retire del horno.

5 Cuando enfríe un poco quite la piel y deséchela. Acomode en el plato el arroz y esparza las aceitunas. Decore con tallos de hinojo y rebanadas de naranja.

Consejo del Chef

Verifique que el pollo esté completamente cocinado insertando en su parte más gruesa un alambre. Los jugos deben correr libremente.

INGREDIENTES
Rinde 4 porciones

2 cucharaditas de semilla de hinojo

1 cucharada de orégano recién picado

1 diente de ajo pelado y machacado

sal y pimienta negra recién molida

4 cuartos de pollo de 175 g/6 oz cada uno

½ limón rebanado finamente

1 bulbo de hinojo desbastado

2 cucharaditas de aceite de oliva

4 tomates bola

25 g/1 oz de aceitunas con hueso

PARA DECORAR
tallos de hinojo
rebanadas de naranja

ARROZ AL LIMÓN
225 g/8 oz de arroz de grano largo

corteza de limón finamente rallada y jugo de ½ limón

150 ml/¼ pt de jugo de naranja

450 ml/¾ pt de caldo de pollo o de verduras hirviendo

Pollo en Cerveza Dorado

1 Precaliente el horno a 170°C/325°F. Corte cada pieza de pollo a la mitad. Acomódelas en un refractario junto con las ciruelas pasa y hojas de laurel.

2 Para pelar los echalotes póngalos en un pequeño recipiente con agua hirviendo y cubra.

3 Escurra los echalotes a los 2 minutos y enjuague con agua fria hasta que los pueda tocar. La piel se podrá retirar fácilmente.

4 Caliente el aceite en una sartén grande de teflón. Agregue los echalotes y cocine suavemente 5 minutos hasta que tomen color.

5 Agregue los champiñones y cocine otros 3–4 minutos hasta que ambos estén tiernos.

6 Rocíe el azúcar sobre los echalotes y los champiñones y agregue la mostaza, puré de tomates, cerveza obscura y el caldo de pollo. Salpimente al gusto y hierva, agitando para combinar bien. Cuidadosamente vierta al pollo.

7 Cubra el refractario y hornee una hora en el horno precalentado. Mezcle el almidón de maíz con el jugo de limón y 1 cucharada de agua fría y vierta al pollo.

8 Regrese el refractario al horno otros 10 minutos hasta que el pollo esté en su punto y las verduras tiernas.

9 Retire las hojas de laurel y vierta el perejil picado batiendo. Decore el pollo con los tallos de perejil. Sirva con el puré de papas y las verduras.

INGREDIENTES
Rinde 4 porciones

4 piernas y muslos de pollo despellejados

125 g/4 oz de ciruelas pasa sin hueso

2 hojas de laurel

12 echalotes

2 cucharaditas de aceite de oliva

125 g/4 oz de champiñones bola

1 cucharadita de azúcar moreno

½ cucharadita de mostaza de grano entero

2 cucharaditas de puré de tomate

150 ml/¼ pt de cerveza obscura

150 ml/¼ pt de caldo de pollo

sal y pimienta negra recién molida

2 cucharaditas de almidón de maíz

2 cucharaditas de jugo de limón

2 cucharadas de perejil fresco picado

tallos de perejil para decorar

PARA SERVIR
puré de papas
verduras de temporada

Pollo Horneado en Corteza de Sal

1 Precaliente el horno a 170°C/325°F. Retire las menudencias y enjuague el pollo con agua fria si es necesario. Salpimente el interior y agregue la cebolla, el romero, el tomillo y el laurel.

2 Mezcle la mantequilla con el ajo, pimentón y cáscara de limón. Rellene la mezcla entre el pellejo y la carne del pollo empezando por el cuello.

3 Para preparar la corteza de sal, mezcle las sales y harina en un contenedor grande. Haga un hoyo en el centro de la mezcla y vierta 600 ml/1 pt de agua fria y el aceite. Mezcle hasta lograr una masa firme y amase sobre una superficie ligeramente enharinada por 2–3 minutos. Extienda la masa en forma de un círculo de 51 cm/20 in. Coloque el pollo, pechuga abajo, en la mitad del círculo. Ligeramente moje con agua los bordes de la masa y envuelva el pollo. Pellizque los bordes para sellar.

4 Ponga el pollo patas abajo en un refractario y hornee en el horno precalentado 2¾ horas. Retire del horno y descanse 20 minutos.

5 Rompa y deseche la corteza de sal. Despelleje el pollo y decore con hierbas frescas y rebanadas de limón. Sirva de inmediato.

INGREDIENTES
Rinde 4 porciones

1.8 kg/4 lb de pollo listo para hornear
sal y pimienta negra recién molida
1 cebolla mediana pelada
tallo de romero fresco
tallo de tomillo fresco
1 hoja de laurel
15 g/½ oz de mantequilla suavizada
1 diente de ajo pelado y machacado
pizca pimentón molido
cáscara de ½ limón rallada finamente

PARA DECORAR:
hierbas frescas
rebanadas de limón

COSTRA DE SAL
900 g/2 lb de harina
450 g/1 lb de sal fina
450 g/1 lb de sal gruesa de mar
2 cucharadas de aceite

Consejo del Chef

Es mejor no comer el pellejo del pollo. Tiene un alto contenido de grasa y absorbe mucha sal de la corteza.

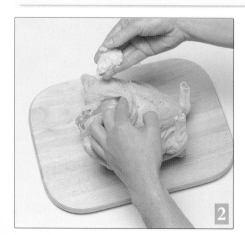

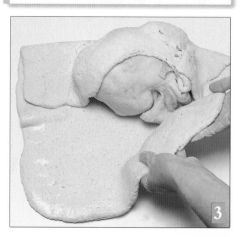

Pollo Sauvignon y Pastel de Hongos con Filo

1 Precaliente el horno 190°C/ 375°F. En una sartén pesada ponga la cebolla y el puerro con 125 ml/4 fl oz del caldo

2 Hierva. Tape y deje a fuego lento 5 minutos. Destape y cocine hasta que estén tiernas las verduras y el caldo evaporado.

3 Corte el pollo en cubos tamaño bocadillo. Agregue a la sartén con el resto del caldo. Cubra y cocine a fuego suave 5 minutos. Agregue los hongos y cocine otros 5 minutos.

4 Mezcle la harina con 4 cucharadas de agua fria. Vierta a la sartén batiendo hasta que espese la salsa.

5 Vierta el estragón a la salsa batiendo y salpimente.

6 Transfiera la mezcla a una pastelera de vidrio de 1.2 l/2 pts y deseche la hoja de laurel.

7 Unte ligeramente una hoja de filo con un poco de aceite.

8 Arrugue ligeramente la hoja de filo y acomode sobre ella el relleno. Continúe igualmente con las otra hojas y espolvoree la última capa con las semillas de ajonjolí.

9 Hornee el pastel en la parrilla mediana del horno 20 minutos hasta que el filo quede dorado y crujiente. Decore con el perejil y sirva de inmediato con las verduras de temporada.

INGREDIENTES
Rinde 4 porciones

1 cebolla pelada y picada
1 puerro desbastado y picado
225 ml/8 fl oz de caldo de pollo
3 pechugas de pollo de 175 g/ 6 oz
150 ml/¼ pt de vino blanco seco
1 hoja de laurel
175 g/6 oz de champiñones botón
2 cucharadas de harina
1 cucharada de estragón recién picado
sal y pimienta negra recién molida
tallo de perejil fresco para decorar
verduras de temporada para servir

COPETE:
75 g/3 oz (5 hojas) de masa filo
1 cucharada de aceite de girasol
1 cucharadita de semillas de ajonjolí

Alambre de Pollo Picante con Taboule de Mango

1 Si usa palillos de madera, mójelos en agua fria 30 minutos. (Esto previene que se quemen)

2 Corte el pollo en rajas de 5 x 1 cm/2 x ½ in y vierta a un platillo poco profundo.

3 Mezcle el yogurt con el ajo, el chile, la cúrcuma y la corteza y jugo de limón. Vierta al pollo y agite para bañarlo. Cubra y deje marinar en el refrigerador hasta por 8 horas.

4 Para preparar el taboule, ponga el trigo partido en un recipiente. Vierta suficiente agua hirviendo para cubrirlo, tape con un plato y deje en remojo 20 minutos.

5 Mezcle el aceite con el jugo de limón en un recipiente. Agregue la cebolla y marine 10 minutos.

6 Escurra el trigo y exprima cualquier exceso de agua con una toalla limpia. Agregue a la cebolla con el mango, pepino y hierbas y salpimente a gusto. Agite para mezclar bien.

7 Ensarte las rajas de pollo en 8 alambres o palillos. Ase 8 minutos debajo del asador. Voltee y unte el marinado hasta que el pollo quede dorado y bien cocido.

8 Con una cuchara vierta el taboule a los platos, acomode los alambres encima y decore con los tallos de menta. Sirva frío o caliente

INGREDIENTES
Rinde 4 porciones

400 g/14 oz de filetes de pechuga de pollo
200 ml/7 fl oz de yogurt natural lite
1 diente de ajo pelado y machacado
1 chile rojo desvenado y picado finamente
½ cucharadita de cúrcuma molida
cáscara rallada finamente y jugo de ½ limón
tallos de menta fresca para decorar

TABOULE DE MANGO:

175 g/6 oz de trigo partido
1 cucharadita de aceite de oliva
jugo de ½ limón
½ cebolla morada picada finamente
1 mango maduro, partido en dos, deshuesado y machacado
¼ pepino cortado en cubos finos
2 cucharadas de perejil recién picado
2 cucharadas de menta recién rallada
sal y pimienta negra recién molida finamente

Pollo a la Sartén
con Especies de Tailandia

1 Vierta a un recipiente el limón rallado o las hojas de kaffir raspadas y el jengibre. Vierta el caldo de pollo. Deje macerar 30 minutos.

2 Entre tanto corte cada pechuga en dos. Caliente el aceite en una sartén de teflón y dore el pollo 2–3 minutos cada lado.

3 Cuele la infusión de caldo de pollo sobre la sartén. Tape la sartén a la mitad y cocine a fuego lento 10 minutos.

4 Agregue el agua de coco, batiendo, con la salsa de pescado y los chiles. Cocine a fuego lento sin tapar por 5–6 minutos hasta que el pollo esté

en su punto y la salsa quede un tanto reducida.

5 Mientras tanto, prepare el arroz en agua salada hirviendo según las instrucciones. Escurra el arroz completamente.

6 Agregue batiendo el jugo de limón verde y el cilantro a la salsa. Salpimente a gusto. Sirva el pollo y la salsa sobre una cama de arroz. Decore con gajos de limón verde y cilantro recién picado. Sirva de inmediato.

Hecho Culinario

Hojas de limón kaffir se pueden encontrar en tiendas de productos orientales. Algunos mercados también las tienen en seco. Si usa hojas secas, desmenuce y utilice cómo en el punto 1.

INGREDIENTES
Rinde 4 porciones

4 hojas de limón kaffir o corteza de ½ limón rallado

1 pieza de 5 cm/2 in de raíz de jengibre, pelada y picada

300 ml/½ pt de caldo de pollo hirviendo

4 pechugas de pollo de 175 g/ 6 oz

2 cucharaditas de aceite de cacahuates

5 cucharadas de agua de coco

1 cucharada de salsa de pescado

2 chiles rojos, desvenados y picados finamente

225 g/8 oz de arroz tailandés jasmine

1 cucharada jugo de limón verde

3 cucharadas de cilantro recién picado

sal y pimienta negra recién molida

PARA DECORAR:
gajos de limón verde
cilantro recién picado

Pollo Rostizado al Chile

1 Precaliente el horno 190°C/375°F. Rebane los chiles y vierta a la licuadora junto con el comino, la cúrcuma, el ajo, el jengibre, el jugo de limón, el aceite de oliva, el cilantro, la sal, la pimienta y dos cucharadas de agua fria. Licue hasta que se forme una pasta ligeramente grumosa.

2 Reserve 3 cucharadas de la mezcla. Empezando por el cuello, suavemente levante el pellejo para separarlo de la pechuga. Introduzca el resto de la mezcla uniformemente entre el pellejo y la carne de pechuga.

3 Acomode el pollo en una charola para hornear. Mezcle la pasta de chile reservada con la mantequilla derretida. Use una cucharada para untar el pollo uniformemente. Hornee en el horno precalentado 20 minutos.

4 Mientras tanto, corte la calabaza en dos, pele y retire las semillas. Córtela en pedazos grandes y mezcle con el resto de la pasta de chile.

5 Acomode la calabaza alrededor del pollo. Hornee una hora bañando con los jugos del pollo cada 20 minutos hasta que el animal este en su punto y la calabaza tierna. Decore con perejil y cilantro. Sirva con las papas al horno y las verduras.

Consejo del Chef

Los chiles varían bastante en cuanto a picante. Una buena guía es que cuanto más pequeños más picosos. Los chiles rojos son más dulces que los verdes.

INGREDIENTES
Rinde 4 porciones

3 chiles rojos frescos desvenados
½ cucharadita de cúrcuma
1 cucharadita de semillas de comino
1 cucharadita de semillas de cilantro
2 dientes de ajo pelados y machacados
1 pieza de 2.5 cm/1 in de raíz de jengibre pelada y picada
1 cucharada de jugo de limón
1 cucharada de aceite de oliva
2 cucharadas de cilantro picado grueso fresco
½ cucharadita de sal
pimienta negra recién molida
1.4 kg/3 lb de pollo limpio y deshuesado
15 g/½ oz de mantequilla sin sal
550 g/1¼ lb de calabaza
perejil fresco y tallos de cilantro para decorar

PARA SERVIR:

4 papas al horno
verduras verdes de la estación

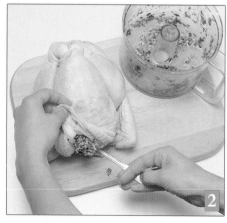

Curry Aromático de Pollo

1 Escurra las lentejas en un cedazo y enjuague muy bien con agua fria.

2 Fría el cilantro y comino en seco 30 segundos a fuego lento en una olla grande. Mezcle con la pasta de curry.

3 Agregue las lentejas a la olla junto con la hoja de laurel y la cáscara de limón. Vierta el caldo.

4 Agite y suba al hervor. Baje la temperatura, cubra la mitad de la olla con una tapa y caliente a fuego suave 5 minutos, moviendo ocasionalmente.

5 Asegure los muslos con palillos para que no pierdan su forma Coloque los muslos

en la olla y tápela a la mitad. Caliente a fuego suave 15 minutos.

6 Agregue batiendo la espinaca y cocine otros 25 minutos hasta que el pollo esté tierno y la salsa espesa.

7 Retire la hoja de laurel y la cáscara de limón. Agregue batiendo el cilantro, el jugo de limón y salpimente a gusto. Sirva de inmediato con el arroz y un poco de yogurt.

INGREDIENTES
Rinde 4 porciones

125 g/4 oz de lentejas rojas
2 cucharaditas de cilantro molido
½ cucharadita de semillas de comino
2 cucharaditas de pasta de curry
1 hoja de laurel
1 pequeña tira de corteza de limón
600 ml/1 pt de caldo de pollo o verduras
8 muslos de pollo despellejados
175 g/6 oz de hojas de espinaca, enjuagadas y desmenuzadas
1 cucharada de cilantro recién picado
2 cucharaditas de jugo de limón
sal y pimienta negra recién molida

PARA SERVIR:
arroz recién preparado
yogurt natural lite

Consejo del Chef

Freír especies en seco suelta el sabor de las mismas muy bien. Ésta técnica se puede usar en muchos platillos. Es particularmente buena para agregar sabor a carnes magras y a pescados. Intente con un poco de agua o aceite para formar una pasta. Unte sobre la carne magra o el pescado antes de hornear para hacer una picosa costra.

Hamburguesas de Pollo con Queso

1 Precaliente la parrilla. Caliente el aceite en una sartén y cocine suavemente el ajo y la cebolla finamente picados por 5 minutos. Agregue el pimiento y cocine 5 minutos. Transfiera a un recipiente y reserve.

2 Agregue el pollo, el yogurt, la costra de pan, las hierbas, el queso desmenuzado y salpimente. Mezcle bien.

3 Divida la mezcla en 6 partes y forme las hamburguesas. Cubra y refrigere por lo menos 20 minutos.

4 Para preparar la salsa, ponga todos los ingredientes en una sartén con una cucharada de agua y caliente suavemente, moviendo ocasionalmente hasta que se derrita el azúcar.

5 Cubra y cocine a fuego bajo 2 minutos. Destape y cocine otro minuto hasta que la salsa engruese.

6 Ponga las hamburguesas sobre una charola de asar ligeramente aceitada y ase a fuego medio 8–10 minutos de cada lado hasta que estén dorados y completamente cocidos.

7 Caliente los bollos si desea, córtelos a la mitad y llene con las hamburguesas, la lechuga, los tomates rebanados y la salsa. Sirva de inmediato con las hojas de ensalada.

INGREDIENTES
Rinde 6 porciones

1 cucharada de aceite de girasol

1 cebolla pequeña pelada

1 diente de ajo pelado y machacado

½ pimiento rojo desvenado

450 g/1 lb de carne de pollo picada fresca

2 cucharadas de yogurt lite

50 g/2 oz de costra de pan integral

1 cucharada de hierbas recién picadas, p. ej. perejil o estragón

50 g/2 oz de queso Cheddar

sal y pimienta negra recién molida

PARA LA SALSA DE MAÍZ Y ZANAHORIA:

1 lata de maíz de 200 g drenada

1 zanahoria pelada y rallada

½ chile verde desvenado y picado finamente

2 cucharaditas de vinagre de cidra

2 cucharaditas de azúcar en polvo

PARA SERVIR:

bollos de trigo integral

lechuga

tomates rebanados

hojas mixtas de ensalada verdes

Pollo Cacciatore

1 Despelleje el pollo.

2 Caliente dos cucharaditas de aceite de oliva en una cacerola y cocine el pollo 2–3 minutos de cada lado hasta que esté ligeramente dorado. Retire el pollo de la cacerola y reserve.

3 Agregue a los jugos en la cacerola la tercera cucharadita de aceite.

4 Agregue la cebolla y cocine a fuego suave 5 minutos moviendo ocasionalmente.

5 Agregue el ajo y cocine 5 minutos hasta que esté tierno y ligeramente dorado. Regrese el pollo a la cacerola.

6 Agregue las hierbas y vierta el vino. Deje burbujear 1–2 minutos.

7 Agregue el caldo y los tomates, tape y cocine a fuego suave 15 minutos.

8 Agregue batiendo las aceitunas y alcaparras. Cocine sin tapar otros 5 minutos hasta que el pollo esté en su punto y la salsa espesa. Retire las hierbas y salpimente a gusto.

9 Disponga una pierna y un muslo en cada plato sobre una cama de pasta. Vierta la salsa y sirva.

INGREDIENTES
Rinde 4 porciones

4 muslos y piernas de pollo
1 cucharada de aceite de oliva
1 cebolla roja pelada y cortada en gajos muy delgados
1 diente de ajo pelado y machacado
1 tallo de tomillo fresco
1 tallo de romero fresco
150 ml/¼ pt de vino blanco seco
200 ml/7 fl oz de caldo de pollo
1 lata de 400 g de tomates picados
40 g/1½ oz de aceitunas negras sin hueso
15 g/½ oz de alcaparras drenadas
sal y pimienta negra recién molida
fetuccini, linguini o conchas de pasta recién cocinadas

Consejo del Chef

Si cuida su consumo de grasas saturadas, es esencial despellejar el pollo. Toda la grasa se deposita directamente debajo del pellejo.

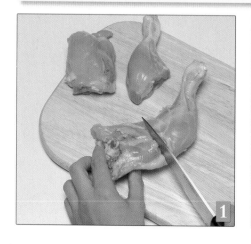

Pollo con Risotto de Verduras de Verano

1 Hierva el caldo en una olla grande, desbaste los espárragos y córtelos en pedazos de 4 cm/1½ in de largo.

2 Vierta los espárragos al caldo 1–2 minutos hasta que estén tiernos, retírelos y reserve.

3 Corte los chícharos japoneses por la mitad y cocine en el caldo 4 minutos. Retire y resérvelos. Baje la temperatura a fuego lento.

4 Derrita la mantequilla en una sartén pesada. Agregue la cebolla y cocine a fuego suave más o menos 5 minutos.

5 Vierta el vino a la sartén y hierva rápidamente hasta casi reducir el líquido. Agregue el arroz y cocine moviendo un minuto hasta que los granos estén cubiertos y casi transparentes.

6 Agregue el azafrán y un cucharón de caldo. Cocine a fuego lento moviendo todo el tiempo hasta que se absorba el caldo. Siga añadiendo el caldo, un cucharón a la vez, hasta que se absorba todo.

7 A los 15 minutos el risotto debe estar cremoso y algo punzante. Si no agregue más caldo y cocine unos minutos más hasta que tenga la consistencia y textura correcta.

8 Agregue los chícharos, las verduras reservadas, el pollo y el jugo de limón. Salpimente al gusto y cocine 3–4 minutos hasta que el pollo quede bien caliente.

9 Vierta el risotto a platos precalentados. Rocíe cada plato con queso parmesano y sirva de inmediato.

INGREDIENTES
Rinde 4 porciones

1 l/1¾ pt de caldo de pollo
o verduras

225 g/8 oz de puntas de
espárragos baby

125 g/4 oz de chícharos japones

15 g/½ oz de mantequilla

1 cebolla pelada y picada
finamente

150 ml/¾ pt de vino blanco seco

275 g/10 oz de arroz arborio

pizca estigmas de azafrán

75 g/3 oz de chícharos
congelados, descongelados

225 g/8 oz de pollo cocido,
despellejado y cortado en cubos

jugo de ½ limón

sal y pimienta negra recién molida

25 g/1 oz de queso parmesano
rallado

Pollo a la Mexicana

1 Despelleje el pollo con un cuchillo.

2 Sobre un plato mezcle la harina, páprika y la sal y pimienta. Cubra el pollo por ambos lados con la harina y remueva cualquier exceso.

3 Caliente el aceite en una sartén de teflón. Agregue el pollo y dore ambos lados. Transfiera a un plato y reserve.

4 Agregue la cebolla y el chile rojo finamente picado y cocine a fuego suave 5 minutos hasta que la cebolla esté tierna. Mueva ocasionalmente.

5 Agregue batiendo el comino y orégano y cocine a fuego suave 1 minuto. Agregue el caldo y hierva.

6 Regrese el pollo a la sartén, cubra y cocine 40 minutos. Agregue el pimiento y cocine 10 minutos hasta que el pollo esté en su punto. Retire el pollo y el pimiento y mantenga caliente en un platón.

7 Mezcle el polvo de cacao con una cucharada de agua tibia y agréguelo batiendo a la salsa. Hierva rápidamente hasta que la salsa quede espesa y se reduzca una tercera parte. Agregue batiendo el jugo de limón verde, la miel y el yogurt.

8 Vierta la salsa al pollo y pimiento, decore con las rebanadas de limón, chile y orégano. Sirva de inmediato con el arroz recién preparado y la ensalada verde.

INGREDIENTES
Rinde 4 porciones

1.4 kg/3 lb de pierna y muslo de pollo limpio
3 cucharadas de harina
½ cucharadita de pimentón molido
sal y pimienta negra recién molida
2 cucharaditas de aceite de girasol
1 cebolla pequeña pelada y picada
1 chile rojo desvenado
½ cucharadita de comino molido
½ cucharadita de orégano seco
300 ml/½ pt de caldo de pollo o verduras
1 pimiento verde desvenado y rebanado
2 cucharaditas de polvo de cacao
1 cucharada de jugo de limón
2 cucharaditas de miel clara
3 cucharadas de yogurt lite

PARA DECORAR:
rebanadas de limón verde
rebanadas de chile rojo
tallo de orégano fresco

PARA SERVIR:
arroz recién preparado
hojas verdes frescas para ensalada

Tagine de Pavo y Tomates

1 Precaliente el horno a 190°C/375°F. Mezcle bien todos los ingredientes de las albóndigas en un recipiente, excepto el aceite. Salpimente a gusto. Forme 20 albóndigas con la mezcla.

2 Ponga las albóndigas en una bandeja, cubra ligeramente y refrigere mientras prepara la salsa.

3 Ponga la cebolla y el ajo en una sartén con 125 ml/ 4 fl oz del caldo. Cocine a fuego bajo 10 minutos hasta que evapore el caldo. Cocine otro minuto hasta que las cebollas tomen color.

4 Vierta el resto del caldo a la sartén junto con los tomates, comino, canela y pimienta roja. Cocine a fuego lento 10 minutos hasta que esté ligeramente espeso y reducido. Agregue batiendo el perejil y salpimente a gusto.

5 Caliente el aceite en una sartén de teflón y cocine las albóndigas en dos grupos hasta que estén completamente doradas.

6 Retire las albóndigas con una cuchara ranurada y drene sobre papel de cocina.

7 Vierta la salsa al refractario. Cubra con las albóndigas, tape y hornee en el horno precalentado 25–30 minutos hasta que estén en su punto y la salsa haga burbujas. Decore con hierbas recién picadas y sirva de inmediato sobre una cama de cuscus o arroz hervido.

INGREDIENTES
Rinde 4 porciones

ALBÓNDIGAS:
450 g/1 lb de pavo fresco picado
1 cebolla pequeña pelada y picada muy finamente
1 diente de ajo pelado y machacado
1 cucharada de cilantro recién picado
1 cucharadita de comino molido
1 cucharada de aceite de oliva
sal y pimienta negra recién molida

SALSA:
1 cebolla pelada y picada finamente
1 diente de ajo pelado y machacado
150 ml/¼ pt de caldo de pavo
1 lata de 400 g de tomates picados
½ cucharadita de comino molido
½ cucharadita de canela molida
1 pizca de pimienta roja
perejil recién picado
hierbas recién picadas para decorar
cuscus recién preparado o arroz

Escalopas de Pavo con Chutney de Chabacano

1 Acomode un filete de pavo entre dos hojas de papel para hornear.

2 Con un rodillo aplane la carne hasta que tenga un espesor de 5mm/¼ in. Repita con los demás filetes.

3 Mezcle la harina con la sal y pimienta y rocíe ligeramente sobre los filetes.

4 Acomode los filetes sobre una charola para hornear y cubra con papel para hornear. Refrigere hasta el momento de cocinar.

5 Para el chutney vierta a una cacerola los chabacanos, la cebolla, el jengibre, el azúcar, la cáscara de naranja, el oporto y el clavo.

6 Lentamente suba al hervor y hierva a fuego lento 10 minutos, moviendo ocasionalmente hasta que esté espeso y mieloso.

7 Retire el clavo y agregue batiendo el cilantro picado.

8 Caliente el aceite en una sartén acanalada y ase el pavo (en dos grupos si necesario) 3–4 minutos de cada lado hasta que queden dorados y tiernos.

9 Vierta el chutney a cada plato y acomode el pavo encima. Decore con hojas de perejil y sirva de inmediato con los gajos de naranja.

INGREDIENTES
Rinde 4 porciones

4 filetes de pavo de 175–225 g/ 6-8 oz
1 cucharada de harina
sal y pimienta negra recién molida
1 cucharada de aceite de oliva
tallos de perejil para decorar
gajos de naranja para servir

CHUTNEY DE CHABACANO:

125 g/4 oz de chabacanos secos, picados
1 cebolla roja, pelada y picada finamente
1 cucharadita de raíz de jengibre rallada
2 cucharadas de azúcar refinada
corteza de ½ naranja rallada finamente
125 ml/4 fl oz de jugo de naranja fresco
125 ml/4 fl oz de oporto rubí
1 clavo de olor entero

Dip de Berenjenas con Yogurt

1 Precaliente el horno a 200°C/400°F. Pique la piel de las berenjenas con un tenedor y acomódelas sobre una charola para hornear. Cocine 40 minutos hasta que estén bien tiernas.

2 Enfríe las berenjenas y córtelas a la mitad. Retire la pulpa y póngala en un recipiente.

3 Muela la pulpa junto con el aceite de oliva, el jugo de limón y el ajo hasta que queden uniformes. Puede usar la licuadora.

4 Corte los pimientos en pequeños cubos y agregue a la mezcla de berenjenas. Mezcle bien.

5 Agregue el yogurt. Revuelva bien. Salpimente al gusto.

6 Añada las aceitunas y deje enfriar en el refrigerador por lo menos 30 minutos.

7 Ponga la coliflor, el brócoli y la zanahoria en una olla y vierta agua hirviendo. Hierva 2 minutos a fuego lento y enjuague con agua fría. Escurra y sirva con crudités para acompañar al dip.

INGREDIENTES
Para 600 ml/1 pt

2 berenjenas de 225 g/8 oz

1 cucharada de aceite de oliva

1 cucharada de jugo de limón

2 dientes de ajo pelados y triturados

1 lata de 190 g de pimientos drenada

150 ml/¼ pt de yogurt natural lite

sal y pimienta negra recién molida

25 g/1 oz de aceitunas negras sin hueso y picadas

225 g/8 oz de floretes de coliflor

225 g/8 oz de floretes de brócoli

125 g/4 oz de zanahorias, peladas y cortadas en tiras de 5 cm/2 in

Consejo Sabroso

Si queremos seguir el estilo del Medio Oriente de este platillo, podemos acompañarlo con pan ácimo caliente, pitta o nana. Precaliente el horno a 200°C/400°F. Envuelva el pan en papel aluminio y deje en el horno 5–7 minutos según el tamaño del pan.

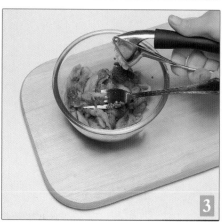

Ensalada de Trigo con Aderezo de Limón y Menta

1 Coloque el trigo bulgur en una olla y cubra con agua hirviendo

2 Hierva a fuego suave 10 minutos, escurra y transfiera a un platón para servir.

3 Corte el pepino en pequeños cubos, pique los echalotes finamente y reserve. Ponga los elotes en baño maría 10 minutos hasta que queden tiernos. Escurra y córtelos en pedazos gruesos.

4 Haga un corte en forma de cruz en la parte superior de cada tomate y colóquelos en agua hirviendo hasta que empiece a separarse la piel de la pulpa.

5 Despelleje y retire las semillas de los tomates. Córtelos en cubos.

6 Prepare el aderezo mezclando bien todos los ingredientes en un pequeño recipiente.

7 Cuando enfríe el trigo bulgur, agregue todas las verduras preparadas y revuelva con el aderezo. Salpimente al gusto y sirva.

INGREDIENTES
Rinde 4 porciones

125 g/4 oz de trigo bulgur
10 cm/4 in de pepino
2 echalotes pelados
125 g/4 oz de elotes baby
3 tomates maduros y firmes

ADEREZO:

cáscara rallada de un limón
3 cucharadas de jugo de limón
3 cucharadas de menta recién picada
2 cucharadas de perejil recién picado
1–2 cucharaditas de miel clara
2 cucharadas de aceite de girasol
sal y pimienta negra recién picada

Hecho Culinario

Este platillo se basa en el tabbouleh del Oriente Medio. Es un tipo de ensalada en la cual se mezclan todos los ingredientes y se sirve fría.

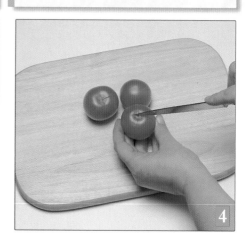

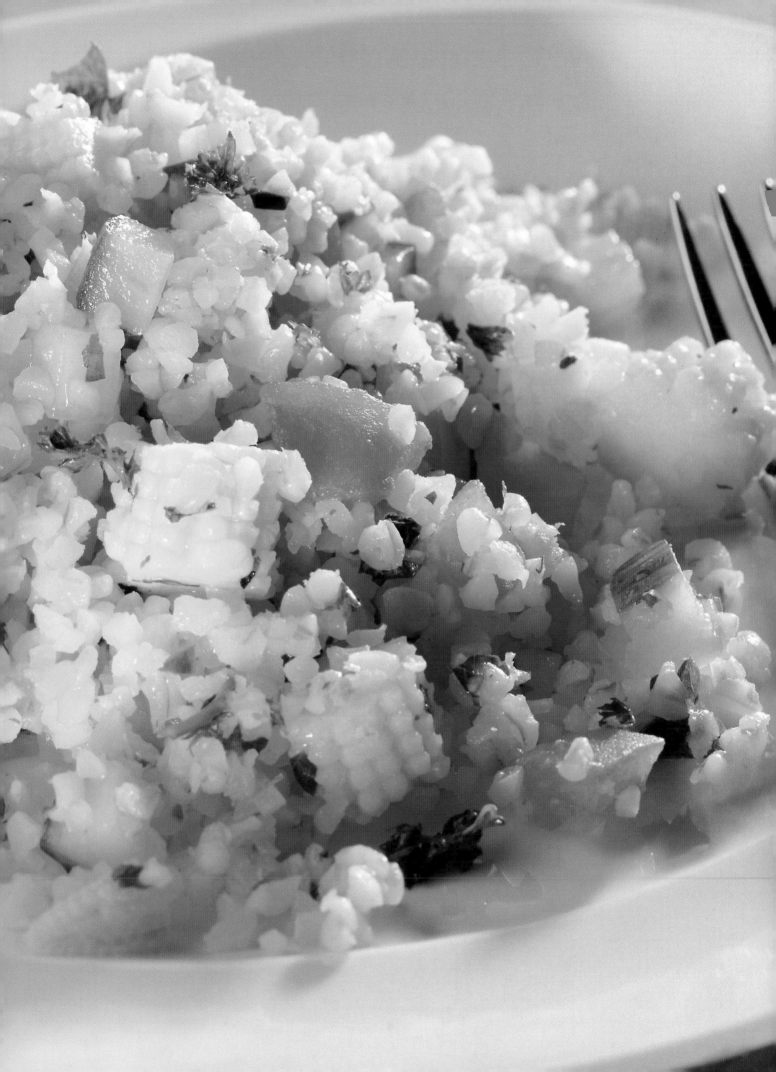

Ensalada de Mariscos y Pescados con Endibias

1 Enjuague y desmenuce la endibia en pequeñas piezas y acomódelas en un platón para servir.

2 Desvene los pimientos y córtelos en cubitos junto con el pepino. Rocíe sobre la cama de endibias

3 Hierva agua en una olla y agregue las rodajas de calamar. Vuelva a hervir, apague el fuego y repose 5 minutos. Escurra y enjuague muy bien con agua fría.

4 Cocine los espárragos en agua hirviendo 5 minutos hasta que estén tiernos pero firmes. Agregue sobre la cama de ensalada junto con el salmón y los mejillones.

5 Para preparar el aderezo de limón ponga todos los ingredientes dentro de un envase con tapa o un pequeño recipiente y mezcle bien hasta que todos los ingredientes queden combinados.

6 Agregue 3 cucharadas de aderezo sobre la ensalada y sirva el resto en una salsera. Decore la ensalada con rodajas de limón y tallos de cilantro.

INGREDIENTES
Rinde 4 porciones

1 cabeza de endivia

2 pimientos verdes

12.5 cm/5 in de pepino

125 g/4 oz de calamar limpio y cortado en rodajas finas

225 g/8 oz de puntas de espárragos baby

125 g/4 oz de salmón ahumado cortado en tiras anchas

175 g/6 oz de mejillones en su concha frescos y cocidos

ADEREZO DE LIMÓN:

2 cucharadas de aceite de girasol

1 cucharada vinagre de vino blanco

5 cucharadas de jugo de limón

1–2 cucharaditas de azúcar refinado

1 cucharadita de mostaza de grano entero

sal y pimienta negra recién molida

PARA DECORAR:

rebanadas de limón

tallos de cilantro fresco

Consejo Sabroso

¿Por qué no sustituir el pescado y mariscos con una combinación de 75–125 g/3–4 oz pechuga de pavo picada y cocida? Agregue 10 papitas cocidas a la ensalada. Pele y corte por la mitad 12 huevos duros de codorniz para decorar. Vierta la salsa de limón a la ensalada y sirva.

Fusilli con Salsa Picante de Tomate

1 Ponga los tomates en un recipiente y cubra con agua hirviendo. Repose hasta que empiecen a despellejarse.

2 Despelleje los tomates y divídalos en cuatro. Retire las semillas. Pique la pulpa en cubitos y viértalos a una pequeña sartén. Agregue el jugo de limón y la cáscara y el jugo del limón verde. Revuelva bien.

3 Agregue los echalotes picados y el ajo. Desvene cuidadosamente los chiles, pique fino, y agregue al recipiente.

4 Suba al hervor y hierva a fuego suave 5–10 minutos hasta que la salsa espese un poco.

5 Reserve la salsa para permitir que los sabores se desarrollen. Mientras tanto prepare la pasta.

6 En una olla grande hierva agua y agregue la pasta. Cocine a fuego suave 3–4 minutos hasta que la pasta quede tierna.

7 Escurra la pasta y enjuague en agua hirviendo. Cubra con la salsa y con una cucharada de crema ácida. Decore con albahaca y orégano. Sirva de inmediato.

INGREDIENTES
Rinde 4 porciones

6 tomates grandes maduros

2 cucharadas de jugo de limón

2 cucharadas de jugo de limón verde

cáscara rallada de un limón verde

2 echalotes pelados y picados finamente

2 dientes de ajo pelados y picados finamente

1–2 chiles rojos

1–2 chiles verdes

450 g/1 lb de pasta fusilli fresca

4 cucharadas de crema ácida lite

2 cucharadas de albahaca recién picada

tallos de orégano para decorar

Hecho Culinario

La pasta es fuente excelente de carbohidratos y es vital para una vida sana. El cuerpo usa los carbohidratos complejos con menos velocidad que los sencillos (se encuentran en pasteles, dulces y galletas) por lo que brindan energía sostenida

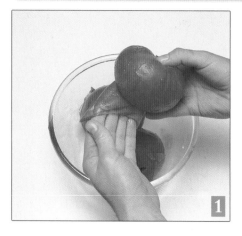

Alambre de Verduras Marinadas

1 Ponga las calabacitas, pimientos y cebollas en una olla con agua recién hervida. Suba al hervor y hierva a fuego lento 30 segundos.

2 Escurra y enjuague las verduras en agua fría y seque con papel absorbente de cocina.

3 Ensarte los alambres con las verduras cocidas, los champiñones y los tomates en secuencia y colóquelos en un platón grande poco profundo.

4 Prepare el marinado mezclando muy bien todos los ingredientes. Vierta a los alambres uniformemente el marinado. Refrigere por lo menos una hora, ocasionalmente batiendo el marinado sobre los alambres.

5 Acomode los alambres sobre una sartén aparrillada o sobre una parrilla y cocine a fuego suave 10–12 minutos, volteándolos con frecuencia y agregando el marinado según se necesite. Cuando estén tiernas las verduras, rocíe el perejil picado y sirva de inmediato con el cuscus.

Consejo Sabroso

Si usa palillos de madera y cocina sobre una parrilla, báñelos en agua fría 30 minutos antes de usarlos. En ésta receta solo usamos verduras, pero igualmente se pueden usar trozos grandes de pescado, tales cómo bacalao o camarones. Se agregan entre las verduras y se cocinan al igual que en el paso 5.

INGREDIENTES
Rinde 4 porciones

2 calabacitas pequeñas cortadas en pedazos de 2 cm/¾ in de largo

½ pimiento verde, sin semillas cortado en pedazos de 2.5 cm/ 1 in de largo

½ pimiento rojo, sin semillas cortado en pedazos de 2.5 cm/ 1 in de largo

½ pimiento amarillo, sin semillas cortado en pedazos de 2.5 cm/ 1 in de largo

8 cebollas de cambray, peladas

8 champiñones botón

8 tomates cherry

perejil recién picado para decorar

cuscus recién preparado para servir

MARINADA:

1 cucharada de aceite de oliva

4 cucharadas de Jerez seco

2 cucharadas de salsa de soya ligera

1 chile rojo desvenado y picado finamente

2 dientes de ajo pelados y machacados

1 raíz de jengibre de 2.5 cm/1 in pelada y picada finamente

3

4

5

Tomates Horneados a la Española

1 Precaliente el horno a 180°C/350°F. Ponga el arroz en una sartén. Vierta el caldo de verduras y suba al hervor. Hierva a fuego suave 30 minutos hasta que el arroz esté tierno. Escurra y pase a un recipiente para mezclar

2 Vierta una cucharadita de aceite de girasol a una sartén de teflón y suavemente fría los echalotes, el ajo, el pimiento, el chile y los champiñones 2 minutos. Añada el arroz con el orégano. Salpimente bien.

3 Rebane la parte superior de los tomates, retire la pulpa y las semillas. Cierna la pulpa. Agregue una cucharadita del jugo a la mezcla de arroz. Agregue moviendo el huevo

batido. Rocíe con un poco de azúcar la base de los tomates. Rellene los tomates con la mezcla de arroz.

4 En un refractario acomode los tomates y vierta agua a su alrededor. Tápelos con la parte rebanada. Rocíe las tapas con un poco de aceite de girasol.

5 Hornee en el horno precalentado más o menos 25 minutos. Decore con las hojas de albahaca y sazone con pimienta negra. Sirva de inmediato con pan crujiente.

INGREDIENTES
Rinde 4 porciones

175 g/6 oz de arroz de grano entero
600 ml/1 pt de caldo de verduras
2 cucharaditas de aceite de girasol
2 echalotes pelados y picados finamente
1 diente de ajo pelado y triturado
1 pimiento verde desvenado y cortado en pequeños cubos
1 chile rojo desvenado y picado finamente
50 g/2 oz de champiñones botón
1 cucharada de orégano recién picado
sal y pimienta negra recién picada
4 tomates bola grandes maduros
1 huevo batido
1 cucharadita de azúcar refinada
hojas de albahaca para decorar
pan crujiente para servir

Consejo Sabroso

Este plato también es delicioso con carne. En el paso 2 agregue 125 g/4 oz de carne picada. Caliente la sartén y fría la carne a fuego alto hasta que esté en su punto y dorada. Después añada los otros ingredientes.

Fiesta Mediterránea

1 Corte la lechuga en cuatro partes y retire el corazón. Desgarre las hojas en pedazos tamaño bocadillo y acomódelas sobre un platón para servir o sobre cuatro platos individuales.

2 Cocine los ejotes en agua con sal hirviendo 8 minutos y las papas 10 minutos hasta que queden tiernas. Escurra y enjuague en agua fría hasta que enfríen. Corte las papas y ejotes por la mitad con un cuchillo filoso.

3 Hierva los huevos 10 minutos y escúrralos muy bien con agua fría de la llave hasta que enfríen. Quite la cáscara bajo agua y corte cada huevo en cuatro partes.

4 Desvene el pimiento y corte en tiras finas. Pique fino la cebolla.

5 Acomode los ejotes, las papas, el huevo, el pimiento y la cebolla sobre la lechuga. Agregue el atún, el queso y los tomates. Salpique las aceitunas y decore con albahaca.

6 Para preparar la vinagreta, vierta todos los ingredientes en una botella con tapón y agite vigorosamente hasta que esté todo bien mezclado, Rocíe 4 cucharadas sobre la ensalada y sirva el resto en una salsera.

Hecho Culinario

Hay muchas variedades de atún cómo el aleta amarilla y el albacora. Siempre compre filetes en lugar de trozos.

INGREDIENTES
Rinde 4 porciones

1 lechuga romana
225 g/8 oz de ejotes
225 g/8 oz de papitas limpias
4 huevos
1 pimiento verde
1 cebolla mediana pelada
200 g lata de atún en salmuera drenado y cortado en pequeños trozos
50 g/2 oz de queso duro lite, p. ej. Edam, cortado en cubitos
8 tomates cherry maduros pero firmes
50 g/2 oz de aceitunas negras sin hueso
perejil recién picado para decorar

VINAGRETA DE LIMÓN VERDE:

3 cucharadas de aceite de oliva ligero
2 cucharadas de vinagre de vino blanco
4 cucharadas de jugo de limón verde
cáscara rallada de 1 limón verde
1 cucharadita de mostaza de Dijon
1–2 cucharaditas de azúcar refinada
sal y pimienta negra recién molida

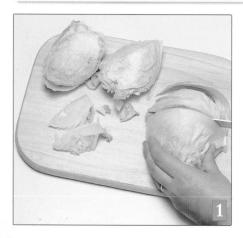

Ratatouille Ligero

1 Desvene el pimiento y córtelo en pequeños cubos. Corte en rebanadas gruesas las calabacitas. Corte la berenjena en pequeños cubos. Haga anillos de la cebolla.

2 Vierta los tomates a agua hirviendo hasta que se desprenda la piel.

3 Retire la piel de los tomates y corte en cuartos. Quite las semillas.

4 Ponga todas las verduras en una olla junto con el jugo de tomate y la albahaca. Salpimente al gusto.

5 Suba al hervor, tape y hierva a fuego suave 15 minutos hasta que las verduras estén tiernas.

6 Retire las verduras de la olla con un cucharón acanalado y acomódelas en un platón para servir.

7 Suba al hervor el líquido en la olla y hierva 20 segundos hasta que engruese. Verifique la sazón de la salsa.

8 Cuele la salsa para separar las semillas y vierta a las verduras. Sirva la ratatouille fría o caliente.

INGREDIENTES
Rinde 4 porciones

1 pimiento rojo
2 calabacitas desbastadas
1 berenjena pequeña, desbastada
1 cebolla pelada
2 tomates maduros
50 g/2 oz de champiñones botón, limpios y cortados en 2 ó 4
200 ml/7 fl oz de jugo de tomate
1 cucharada de albahaca recién picada
sal y pimienta negra recién molida

Consejo Sabroso

Este platillo puede ser perfecto para acompañar cualquier receta de pescado en éste libro. También es delicioso para rellenar papas al horno o con un omelet.

Berenjena Horneada a la Siciliana

1 Precaliente el horno a 200°C/400°F. Corte la berenjena en cubitos y deposítelos en una charola para hornear aceitada.

2 Cubra la charola con papel de aluminio y hornee en el horno precalentado 15–20 minutos hasta que los cubitos queden tiernos. Reserve en lo que se enfrían.

3 Ponga el apio y los tomates en un recipiente grande y cubra con agua hirviendo.

4 Retire los tomates cuando su piel se separe. Pele el tomate y quite las semillas. Pique la pulpa en pequeños pedazos.

5 Retire el apio, pique finamente y reserve.

6 Vierta el aceite vegetal a una sartén de teflón, agregue los echalotes picados y fría a fuego suave 2–3 minutos hasta que estén tiernos. Agregue el apio, los tomates, el puré de tomate y las aceitunas. Salpimente al gusto.

7 Hierva a fuego suave 3–4 minutos. Agregue el vinagre, azúcar y la berenjena fría a la sartén y cocine a fuego suave 2–3 minutos hasta que todos los ingredientes queden bien combinados. Reserve. Una vez fría la berenjena decore con la albahaca picada y sirva frío con las hojas de ensalada.

INGREDIENTES
Rinde 4 porciones

1 berenjena grande desbastada

2 tallos de apio desbastados

4 tomates grandes maduros

1 cucharadita de aceite de girasol

2 echalotes pelados y picados finamente

1½ cucharaditas de puré de tomate

25 g/1 oz de aceitunas verdes sin hueso

25 g/1 oz de aceitunas negras sin hueso

sal y pimienta negra recién molida

1 cucharada de vinagre de vino blanco

2 cucharaditas de azúcar refinada

1 cucharada de albahaca recién picada para decorar

hojas de ensalada mixtas para servir

Hecho Culinario

Se ha sugerido que alimentos morados, cómo la berenjena, tienen particularmente poderosos antioxidantes que ayudan al cuerpo a protegerse de enfermedades y que fortifican sus órganos.

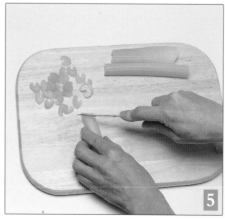

Ensalada de Zanahorias, Jícama y Semillas de Ajonjolí

1 Corte la jícama en tiras delgadas y vierta a una olla con agua con sal hirviendo y hierva 2 minutos.

2 Escurra y enjuague la jícama en agua fría y póngala en un recipiente para mezclar.

3 Ralle finamente la zanahoria. Agregue la zanahoria y las pasas a la jícama.

4 Acomode las semillas de ajonjolí debajo de la parrilla o tuéstelas en seco en una sartén 1–2 minutos hasta que estén doradas. Deje enfriar.

5 Prepare el aderezo mezclando con un batidor la corteza de limón, el jugo de limón, el aceite, la miel, el chile y la sal y pimienta. También puede introducir estos ingredientes a una botella con tapa y agitar muy bien.

6 Vierta 2 cucharadas del aderezo sobre la ensalada y mezcle bien. Pase la ensalada a un platón de servir y esparza el ajonjolí tostado y el perejil picado. Sirva el resto del aderezo en una salsera.

INGREDIENTES
Rinde 6 porciones

225 g/8 oz de jícama pelada

225 g/8 oz de zanahorias peladas

50 g/2 oz de pasas sin semilla

2 cucharadas de semillas de ajonjolí

perejil recién picado para decorar

ADEREZO DE LIMÓN Y CHILE:

corteza rallada de 1 limón

4 cucharadas de jugo de limón

2 cucharadas de aceite de girasol

2 cucharadas de miel clara

1 chile de árbol desvenado y picado finamente

sal y pimienta negra recién picada

Hecho Culinario

La jícama es una raíz con un sabor dulce y a nuez, que se puede comer cruda o cocida. Se debe pelar justo antes de cocinarla. Es una fuente buena de vitamina C y potasio. También se conoce como la "papa mexicana".

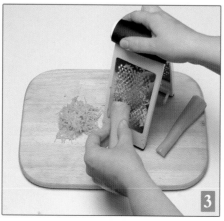

Papas Crujientes al Horno con Jamón Serrano

1 Precaliente el horno a 200°C/400°F. Limpie y seque las papas. Píquelas con un tenedor y colóquelas en una charola para hornear. Hornee 1–1½ horas hasta que estén tiernas al tacto (Use guantes o una toalla para tomar las papas porque estarán muy calientes).

2 Corte las papas a la mitad horizontalmente y retire toda la pulpa. Coloque en un recipiente.

3 Agregue la crema ácida y mezcle muy bien con la pulpa. Salpimente al gusto.

4 Corte el jamón en tiras y cuidadosamente agregue y mezcle con la pulpa, las habas, las zanahorias y los chícharos.

5 Regrese la mezcla a sus 8 cáscaras y espolvoree un poco de queso rallado.

6 Coloque debajo de la parrilla y cocine hasta que estén doradas y completamente calientes. Sirva de inmediato con la ensalada verde fresca.

INGREDIENTES
Rinde 4 porciones

4 papas grandes para hornear
4 cucharaditas de crema ácida lite
sal y pimienta negra recién molida
50 g/2 oz de jamón serrano
  o prosciutto sin grasa
50 g/2 oz de habas chicas
50 g/2 oz de zanahorias cocidas
  en cubitos
50 g/2 oz de judías verdes cocidas
50 g/2 oz de queso duro lite
  rallado, p. ej. Cheddar o Edam
ensalada verde fresca para servir

Hecho Culinario

Produccido en España, el jamón serrano tiene un sabor suave y suculento y se corta en la dirección del grano. Su más cercano substituto es el prosciutto. Tiene una textura ligeramente dura y se sirve con frecuencia sobre delgadas rebanadas de pan.

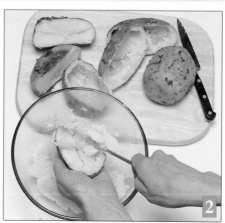

Publicado en 2003 por Advanced Marketing,
S. de R.L. de C.V. Bajo el sello de Degustis

Publicado por primera vez en 2003
© 2003 The Foundry

© 2003 Advanced Marketing, S. de R.L. de C.V.
Aztecas # 33 Col. Sta. Cruz Acatlán
Naucalpan, C.P. 53150
Estado de México
México

ISBN: 970-718-069-2

01 02 03 04 05   03 04 05 06 07

Impreso en China

RECONOCIMIENTOS:
Autoras: Catherine Atkinson, Juliet Barker, Gina Steer,
Vicki Smallwood, Carol Tennant, Mari Mererid Williams y
Elizabeth Wolf-Cohen y Simone Wright
Asesora editorial: Gina Steer
Editora del proyecto: Karen Fitzpatrick
Fotografía: Colin Bowling, Paul Forrester y Stephen Brayne
Economistas Domésticas y productoras gastronómicas:
Jacqueline Bellefontaine, Mandy Phipps, Vicki Smallwood y
Penny Stephens
Equipo de diseño: Helen Courtney, Jennifer Bishop,
Lucy Bradbury y Chris Herbert

Todos los accesorios fueron proporcionados por
Barbara Stewart, de Surfaces.
Traducción: Concepción O. De Jourdain, Laura Cordera L.

NOTA
Los bebés, personas de edad avanzada, mujeres embarazadas y
cualquier persona que padezca alguna enfermedad deben
evitar los platillos preparados con huevos crudos.

Un agradecimiento especial a todos los involucrados en la
publicación de este libro, particularmente a Karen Fitzpatrick y
Gina Steer.